J. KRISHNAMURTI - REVOLUTION DURCH MEDITATION

Weitere Werke von J. Krishnamurti im selben Verlag:

Ideal und Wirklichkeit
Gedanken zum Leben I

—

Konflikt und Klarheit
Gedanken zum Leben II

—

Schöpferische Freiheit

—

Autorität und Erziehung

—

Religiöse Revolution

—

Gespräche in Saanen

J. KRISHNAMURTI

Revolution durch Meditation

HUMATA VERLAG HAROLD S. BLUME
BERN · FRANKFURT AM MAIN · SALZBURG

Revolution durch Meditation

Auslieferung:

Humata Verlag Harold S. Blume
Deutschland: 6000 Frankfurt am Main 1, Fach 2649
Österreich: 5020 Salzburg, Bergstrasse 16
Schweiz und übrige Länder: 3000 Bern 6, Fach 56

ISBN 3 · 7197 · 0231 · 6
Interner Verlagscode 7 · 231 · 13 · 4

Aus dem Englischen übersetzt von Erich Schmidt
Titel der Originalausgabe: «The Only Revolution»
(Victor Gollancz Ltd., London © J. Krishnamurti)

INHALT

INDIEN

1

Religiöse Tradition

MEDITATION IST KEINE FLUCHT aus der Welt, sie isoliert nicht, sie kapselt nicht ab, sie ist vielmehr das umfassende Verstehen der Welt und ihrer Beschaffenheit. Die Welt hat neben Nahrung, Kleidung und Obdach und neben den Vergnügungen mit ihren großen Kümmernissen wenig zu bieten.

Meditation ist das Hinweggehen aus einer solchen Welt; man muß ein totaler Außenseiter sein. Dann hat die Welt einen Sinn, und die Schönheit des Himmels und der Erde ist unwandelbar. Dann ist Liebe kein Genuß. Daraus entspringt jede Handlung, die nicht das Ergebnis der Spannung, des Widerspruchs, des Suchens nach Selbsterfüllung oder des Machtdünkels ist.

Vom Zimmer aus überblickte man einen Garten, und dreißig oder vierzig Fuß darunter war der breite, ausgedehnte Fluß, heilig für einige, aber für andere eine schöne Wasserfläche, dem Himmel und dem Glanz des Morgens geöffnet. Man konnte immer das andere Ufer mit seinem Dorf und den verstreuten Bäumen sehen und den kürzlich gepflanzten Winterweizen. Von diesem Zimmer aus konnte man den Morgenstern sehen und die Sonne, die ruhig über den Bäumen aufging; und der Fluß wurde zu einem goldenen Pfad für die Sonne.

Des Nachts war der Raum sehr dunkel, und das breite Fenster zeigte den ganzen südlichen Himmel. In diesen Raum kam eines Nachts mit großem Geflatter ein Vogel. Als das Licht eingeschaltet war und man das Bett verlassen hatte, sah man ihn unter dem Bett. Es war eine Eule. Sie maß ungefähr anderthalb Fuß, hatte weit offene, große Augen und einen furchterregenden Schnabel.

Wir starrten einander an, ganz nahe, nur wenige Fuß voneinander entfernt. Sie war durch das Licht und die Nähe des Menschen erschreckt. Wir schauten einander eine ganze Weile an ohne zu blinzeln, und sie verlor dabei niemals ihre Größe und ihre grimmige Würde. Man konnte die schrecklichen Krallen sehen, das helle Gefieder und die Schwingen, die dem Körper eng anlagen. Man hätte sie gerne berührt, sie gestreichelt, aber das würde sie nicht zugelassen haben. Bald darauf wurde das Licht ausgeschaltet, und für einige Zeit war es still im Raum. Kurz danach hörte man das Flattern der Flügel, und man fühlte den Luftzug am Gesicht, und die Eule war aus dem Fenster davongeflogen. Sie kam niemals wieder.

Es war ein sehr alter Tempel; sie sagten, er könnte mehr als dreitausend Jahre alt sein, aber man weiß, wie die Menschen übertreiben. Er war zweifellos alt; einst war er ein buddhistischer Tempel, und vor ungefähr sieben Jahrhunderten wurde er ein Hindutempel, und an die Stelle des Buddha hatten sie ein Hindu-Idol gesetzt. Innen war es sehr dunkel, und es herrschte eine seltsame Atmosphäre. Säulenhallen waren dort und lange Flure, verziert mit schönen Schnitzereien, und es roch nach Fledermäusen und Weihrauch.

Die Andächtigen gingen langsam umher, frisch gebadet, mit gefalteten Händen, und sie wanderten durch die Gänge, warfen sich jedesmal nieder, wenn sie an dem Standbild vorbeikamen, das mit glänzender Seide umhüllt war. Im innersten Schrein sang ein Priester; es war schön, ein gut ausgesprochenes Sanskrit zu hören. Er hatte keine Eile, und die Worte kamen leicht und anmutig aus der Tiefe des Tempels. Es waren Kinder da, alte Damen, junge Männer. Die Berufstätigen hatten ihre europäischen Hosen und Röcke abgetan und Dhotis angelegt, und sie saßen oder standen mit gefalteten Händen und bloßen Schultern in tiefer Andacht.

Es war ein Weiher dort, angefüllt mit Wasser – ein heiliger Weiher; viele Stufen führten zu ihm hinab, und Säulen, aus den Felsen gemeißelt, umstanden ihn. Man kam von der staubigen Landstraße, die voller Lärm und hellem, scharfen Sonnenschein war, in den Tempel hinein; und hier war es schattig, dunkel und friedlich. Es gab keine Kerzen, keine Menschen knieten herum, sie umwandelten nur den Schrein und bewegten ihre Lippen schweigend im Gebet.

An diesem Nachmittag kam ein Mann, um uns zu sehen. Er sagte, daß er ein Vedanta-Anhänger wäre. Er sprach sehr gut Englisch, denn er war an einer Universität ausgebildet worden und hatte einen aufgeweckten, scharfen Intellekt. Er war Rechtsanwalt, verdiente viel Geld, und seine scharfen Augen blickten forschend, abwägend und irgendwie ängstlich. Er schien sehr viel gelesen zu haben, auch etwas westliche Theologie. Er war ein Mann mittleren Alters, ziemlich schlank und hochgewachsen mit der Würde eines Anwaltes, der viele Fälle gewonnen hatte.

Er sagte: «Ich habe Sie sprechen hören, und was Sie sagen, ist reines Vedanta, zeitgemäß vorgebracht, aber von der alten Tradition.» Wir fragten ihn, was er unter Vedanta verstehe. Er antwortete: «Wir setzen voraus, daß es nur Brahman gibt, der die Welt und ihr Trugbild schafft – und der Atman, der in jedem menschlichen Wesen lebt, ist Teil dieses Brahman. Der Mensch muß aus diesem Alltags-Bewußtsein der Pluralität und der manifestierten Welt erwachen, ungefähr so, wie er aus einem Traum erwachen würde. Ebenso wie dieser Träumer seinen gesamten Traum erzeugt, so erzeugt das individuelle Bewußtsein die Gesamtheit der manifestierten Welt und der anderen Menschen. Sie sagen das alles nicht, Sir, aber sicherlich meinen Sie es, denn Sie sind in diesem Lande geboren und erzogen worden, und obgleich Sie die längste Zeit Ihres Lebens im Ausland zugebracht haben, sind Sie Teil dieser alten Tradition. Indien hat Sie hervorgebracht, ob Sie das mögen oder nicht; Sie sind das Produkt Indiens, und Sie haben einen indischen Geist. Ihre Gesten, Ihre statuenhafte Stille während Sie sprechen und besonders Ihr Aussehen gehören zu dieser alten Erbschaft. Ihre Lehre ist zweifellos die Fortsetzung dessen, was unsere Vorfahren seit unvordenklichen Zeiten gelehrt haben.»

Lassen Sie uns beiseite tun, ob der Sprecher ein Inder ist, der in dieser Tradition aufgewachsen, der dieser Kultur unterworfen ist, und ob er das Endergebnis dieser alten Lehre ist. Vor allen Dingen ist er kein Inder, das heißt, er gehört nicht dieser Nation und nicht der Gemeinschaft der Brahmanen an, obgleich er darin geboren wurde. Er verneint die Tradition, mit der Sie ihn umkleiden. Er verneint es, daß seine Lehre die Fortsetzung der alten Lehren ist. Er hat keines der heiligen Bücher Indiens oder des Westens gelesen, weil sie unnötig sind für einen Menschen, der weiß, was in der Welt vor sich geht, der das Verhalten der Menschen kennt mit ihren endlosen Theorien, mit der übernommenen Propaganda von zweitausend oder fünftausend Jahren, die zur Tradition, zur Wahrheit, zur Offenbarung geworden sind.

Für einen solchen Menschen, der es ganz und gar ablehnt, das Wort, das Symbol mit seinen Beschränkungen anzuerkennen, für ihn ist Wahrheit nicht eine Sache aus zweiter Hand. Wenn Sie ihm zugehört hätten, wüßten Sie, daß er von Anfang an gesagt hat, daß jede Annahme von Autorität die Verleugnung der Wahrheit ist, und daß er betont hat, daß man außerhalb aller Kultur, Tradition und gesellschaftlichen Moral stehen muß.

Wahrheit liegt niemals in der Vergangenheit. Die Wahrheit der Vergangenheit ist die Asche der Erinnerung. Erinnerung gehört der Zeit an, und in der toten Asche von gestern gibt es keine Wahrheit. Wahrheit ist etwas Lebendiges und hat mit der Zeit nichts zu tun.

Nachdem wir das alles beiseite getan haben, können wir jetzt das zentrale Problem des Brahman aufgreifen, den Sie als gegeben annehmen. Sicherlich ist diese Behauptung eine Theorie, von einem erfinderischen Geist ersonnen, sei es Shankara oder der moderne, gelehrte Theologe. Sie können eine Theorie durchleben und sie für wahr halten, aber das ist wie bei einem Menschen, der in der katholischen Welt aufgewachsen und dadurch festgelegt ist, und der nun Christusvisionen hat. Offensichtlich sind solche Visionen die Projektion seiner persönlichen Abhängigkeit; und diejenigen, die in der Tradition des Krishna aufgewachsen sind, haben Erfahrungen und Visionen, die auf ihrer Kultur beruhen. So beweist Erfahrung nichts. Eine Vision als Krishna oder Christus anzuerkennen, ist das Ergebnis des voreingenommenen Wissens; darum ist die Vision durchaus nicht real, sondern eine Phantasie, eine Mythe, verstärkt durch Erfahrung und ist äußerst nichtssagend. Warum wollen Sie überhaupt eine Theorie, und warum postulieren Sie irgend einen Glauben? Diese ständige Bejahung des Glaubens ist ein Zeichen von Furcht – Furcht vor dem alltäglichen Leben, Furcht vor dem Leid, Furcht vor dem Tod und der völligen Bedeutungslosigkeit des Lebens. Das alles vor Augen, erfinden Sie eine Theorie, und je geschickter und gelehrter die Theorie ist, umso mehr Gewicht hat sie. Und nach zweitausend oder zehntausend Jahren der Propaganda wird diese Theorie unwandelbar und lächerlicherweise «die Wahrheit».

Aber wenn Sie kein Dogma postulieren, dann stehen Sie Aug' in Auge mit dem, was tatsächlich ist. Das «was ist», ist Denken, Vergnügen, Leid und die Furcht vor dem Tod. Wenn Sie die Struktur Ihres täglichen Lebens verstehen – mit seinem Wettstreit, seiner Gier, seinem Ehrgeiz und dem Streben nach Macht –, dann werden Sie nicht nur die Absurdität von Theorien, Erlösern und Gurus erkennen, sondern Sie mögen die Beendigung des Leides, ein Aufhören der ganzen Struktur entdecken, die das Denken aufgebaut hat.

In diese Struktur einzudringen und sie zu verstehen ist Meditation. Dann werden Sie sehen, daß die Welt keine Illusion ist, sondern eine schreckliche Realität, die der Mensch in seiner Beziehung zu seinen Mitmenschen geschaffen hat. Das ist es, was verstanden werden muß und nicht Ihre Theorien über Vedanta, mit den Riten und dem ganzen Schaugepränge organisierter Religionen.

Wenn der Mensch frei ist, ohne durch Furcht, Neid oder Leid bewegt zu werden, dann nur ist er auf natürliche Weise friedvoll und still. Dann kann er nicht nur die Wahrheit im täglichen Leben von Augenblick zu

Augenblick sehen, sondern auch über alle Begriffe hinausgelangen; und damit endet der Beobachter und das Beobachtete, und die Dualität hört auf.

Aber jenseits dieser Dinge und frei von diesem Kampf, dieser Eitelkeit und Verzweiflung gibt es – und das ist keine Theorie – einen Strom, der keinen Anfang und kein Ende hat; eine unbegrenzte Bewegung, die der Verstand niemals einfangen kann.

Wenn Sie das hören, werden Sie wahrscheinlich eine Theorie daraus machen, und wenn Ihnen diese neue Theorie zusagt, werden Sie sie propagieren. Aber was Sie propagieren, ist nicht die Wahrheit. Die Wahrheit ist nur da, wenn Sie frei sind von dem Schmerz, der Angst und der Aggression, die jetzt Ihr Herz und Ihren Geist füllen. Wenn Sie das alles sehen, und wenn jener Segen Sie überkommt, der Liebe genannt wird, dann werden Sie die Wahrheit von dem, was gesagt wurde, verstehen.

2

Die Suche nach Gott

In der Meditation ist vor allem die Beschaffenheit von Geist und Herz wichtig. Es kommt nicht darauf an, was Sie erreichen oder was Sie zu erlangen glauben, sondern vielmehr auf einen Geist, der unschuldig und verletzbar ist. Durch Negation ergibt sich der positive Zustand. Bloß Erfahrung zu sammeln und danach zu leben, verneint die Lauterkeit der Meditation. Meditation ist kein Weg zu einem Ziel, sie ist beides, der Weg und das Ziel. Der Geist kann niemals durch Erfahrung unschuldig gemacht werden. Es ist das Negieren der Erfahrung, das den positiven Zustand der Unschuld hervorbringt, der nicht durch das Denken kultiviert werden kann. Der Gedanke ist niemals unschuldig. Meditation ist das Aufhören des Denkens, nicht bewirkt durch den Meditierenden, denn der Meditierende ist die Meditation. Ohne Meditation ist man wie ein Blinder in einer Welt von großer Schönheit, voller Licht und Farbe.

Wandere am Seeufer entlang und laß diesen meditativen Zustand über Dich kommen. Wenn es geschieht, trachte nicht weiter danach. Was Du weiter verfolgst, wird die Erinnerung an das sein, was war – und was war, ist der Tod dessen, was ist. Oder wenn Du zwischen den Hügeln wanderst, laß Dir von jeglichem Ding über die Schönheit und das Leid des Lebens erzählen, so daß Du zu Deinen eigenen Sorgen und ihrer Aufhebung erwachst. Meditation ist die Wurzel, die Pflanze, die Blüte und die Frucht. Worte trennen Frucht, Blüte, Pflanze und Wurzel voneinander. In dieser Trennung bringt Handlung keine Tugend hervor: Tugend ist umfassende Wahrnehmung.

Es war eine lange, schattige Landstraße mit Bäumen zu beiden Seiten – eine enge Straße, die sich durch grüne Felder glänzenden, reifenden Weizens wand. Die Sonne warf scharfe Schatten, und die Dörfer auf beiden Seiten der Straße waren schmutzig, schlecht gehalten, von Armut gezeichnet. Die älteren Menschen sahen krank und traurig aus, aber die Kinder schrien und spielten in dem Staub und warfen Steine auf die Vögel hoch oben in den Bäumen. Es war ein sehr angenehmer, kühler Morgen, und ein frischer Wind blies über die Hügel.

Die Papageien und die Mynahs* machten an diesem Morgen großen Lärm. Die Papageien waren zwischen den grünen Blättern der Bäume kaum sichtbar; in dem Tamarindenbaum hatten sie mehrere Schlupflöcher, in denen sie wohnten. Sie flogen ständig heiser kreischend im Zickzack umher. Die Mynahs saßen auf der Erde, ziemlich zahm. Sie ließen den Menschen ganz nahe herankommen, bevor sie davonflogen. Und der goldene Fliegenschnäpper, der grün-goldene Vogel saß auf den Drähten quer über der Landstraße. Es war ein wunderschöner Morgen, und die Sonne war noch nicht zu heiß.

* Vögel, die zur Familie der Stare gehören.

Ein Segen lag in der Luft und jener Friede, bevor der Mensch aufwacht.

Auf der Landstraße fuhr ein zweirädriger Wagen vorbei, der von einem Pferd gezogen wurde; er hatte eine Plattform mit vier Pfosten und einer Plane darüber. Zwischen den Rädern lag ein toter Körper, eingehüllt in ein weißes und rotes Tuch; er wurde zum Fluß hinuntergefahren, um an seinem Ufer verbrannt zu werden. Ein Mann saß neben dem Fahrer, wahrscheinlich ein Verwandter, und der Körper wurde auf dieser nicht sehr glatten Landstraße hin- und hergerüttelt. Sie waren von weither gekommen, denn das Pferd schwitzte, und der tote Körper war auf dem ganzen Weg geschüttelt worden und schien ziemlich steif zu sein.

Der Mann, der an diesem Tage zu einer späteren Zeit kam, um uns zu sehen, sagte, er sei ein Artillerie-Instrukteur in der Marine. Er war mit seiner Frau und zwei Kindern gekommen, und er schien ein sehr ernsthafter Mensch zu sein. Nach der Begrüßung sagte er, daß er gerne Gott finden würde. Er drückte sich nicht allzu klar aus; wahrscheinlich war er ziemlich schüchtern. Seine Hände und sein Gesicht ließen auf Tüchtigkeit schließen, aber es lag eine gewisse Härte in seiner Stimme und in seinem Blick – denn schließlich war er ein Instrukteur in der Methode des Tötens. Gott schien von seinem täglichen Tun so weit entfernt zu sein. Es erschien alles so unheimlich, denn hier war ein Mann, der sagte, daß er aufrichtig nach Gott suche, und doch war er, um leben zu können, gezwungen, andere die Kunst des Tötens zu lehren.

Er sagte, er wäre ein religiöser Mensch, der durch viele Schulen verschiedener sogenannter heiliger Männer gegangen sei. Er war mit ihnen allen unzufrieden, und nun hatte er eine lange Reise mit dem Zug und dem Bus unternommen, um hierher zu kommen und uns zu sehen, denn er wünschte zu wissen, wie man zu jener unbekannten Welt gelangen könnte, die die Menschen und die Heiligen gesucht haben. Seine Frau und seine Kinder saßen sehr still und respektvoll da, und auf einem Zweig gerade vor dem Fenster saß eine Taube, hellbraun, und gurrte still vor sich hin. Der Mann schaute niemals dorthin, und die Kinder mit ihrer Mutter saßen steif, nervös und ernst da.

Sie können Gott nicht finden; es gibt keinen Weg dorthin. Der Mensch hat viele Pfade erfunden, viele Religionen, viele Glaubensrichtungen, Erlöser und Lehrer, von denen er glaubt, daß sie ihm helfen werden, den Segen zu finden, der nicht vergeht. Die Not des Suchens liegt darin, daß es zu einer Phantasievorstellung, zu irgendeiner Vision führt, die der Geist nach den bekannten Dingen projektiert und gewertet hat. Die Liebe, die er sucht, wird durch seine Lebensweise zerstört. Sie können nicht in der einen Hand eine Kanone halten und in der anderen Hand Gott. Gott ist nur ein Symbol, ein Wort, das in Wirklichkeit seine Bedeutung verloren hat, denn die Kirchen und die Stätten der Anbetung haben es zerstört. Wenn Sie nicht an Gott glauben, dann gleichen Sie durchaus dem Gläubigen; beide leiden und gehen durch die Kümmernisse eines kurzen und fruchtlosen Lebens, und die Bitterkeit des Alltags macht das Leben bedeutungslos. Realität liegt nicht am Ende des Gedankenstroms, und das leere Herz ist angefüllt mit Denkbegriffen. Wir werden sehr klug, erfinden neue Philosophien, und danach kommt die Bitterkeit, weil sie versagen. Wir haben Theorien darüber erfunden, wie wir das Letzte erreichen können, und der Anbeter geht in den Tempel und verliert sich in Vorstellungen seines eigenen Geistes. Der Mönch und der Heilige finden diese Realität nicht, denn beide sind Teil einer Tradition, einer Kultur, von der sie als Heilige und Mönche anerkannt werden.

Die Taube ist davongeflogen, und die Schönheit der Wolkenberge liegt über dem Land – und Wahrheit ist dort, wohin Du niemals schaust.

3

Kopf und Herz

Es war ein alter Mogul-Garten mit vielen großen Bäumen. Gewaltige Monumente befanden sich darin, düster im Innern, mit marmornen Grabstätten, und der Regen und die Witterung hatten den Stein dunkel gemacht und die Kuppeln noch dunkler. Hunderte von Tauben saßen auf den Kuppeln und kämpften mit den Krähen um einen Platz. Und weiter unten auf der Kuppel waren die Papageien, die in Gruppen von überallher kamen. Es gab dort gut gehaltene Rasenflächen, kurz geschoren und ausreichend gewässert. Es war ein ruhiger Platz, und überraschenderweise waren nicht zu viele Menschen dort. Am Abend würden sich die Diener aus der Nachbarschaft mit ihren Fahrrädern auf dem Rasen versammeln, um Karten zu spielen. Es war ein Spiel, auf das sie sich verstanden, aber ein Fremder, der zuschaute, konnte daraus nicht klug werden. Gruppen von Kindern spielten auf dem Rasen eines anderen Grabmals.

Ein Grabmal war besonders großartig, mit großen Bögen, wohl proportioniert und einer Mauer dahinter, die asymmetrisch war. Das Grabmal war aus Ziegeln gebaut, und die Sonne und der Regen hatten es dunkel, fast schwarz gemacht. Ein Hinweis verbot das Blumenpflükken, aber niemand schien dem viel Beachtung zu schenken, denn sie wurden trotzdem gepflückt.

Es gab eine Eukalyptus-Allee und dahinter einen Rosengarten mit zerfallenden Mauern darum. Dieser Garten mit prächtigen Rosen war wunderschön gehalten, und das Gras war stets grün und frisch geschnitten. Wenige Leute schienen zu diesem Garten zu kommen, und man konnte darin in Einsamkeit umherwandeln und den Sonnenuntergang hinter den Bäumen und hinter der Kuppel des Grabmals betrachten. Besonders am Abend, wenn die langen dunklen Schatten fielen, war es dort sehr friedvoll, fern vom Geräusch der Stadt, fern von der Armut und von der Häßlichkeit der Reichen. Zigeuner entfernten das Unkraut aus dem Rasen. Es war wirklich ein schöner Platz – aber der Mensch verdarb ihn allmählich.

Ein Mann saß mit gekreuzten Beinen in einer der entfernten Ecken des Rasens, sein Fahrrad neben sich. Er hatte seine Augen geschlossen, und seine Lippen bewegten sich. Er saß seit mehr als einer halben Stunde in dieser Haltung, der Welt, den Vorübergehenden und dem Geschrei der Papageien völlig entrückt. Sein Körper war vollkommen ruhig. In seinen Händen hatte er einen Rosenkranz, verdeckt durch ein Stück Stoff. Seine Finger waren die einzige Bewegung, die man sehen konnte, abgesehen von seinen Lippen. Er kam täglich gegen Abend dorthin, nachdem seine Tagesarbeit getan war. Er war ein ziemlich armer Mann, leidlich gut genährt, und er kam immer zu jener Ecke, in sich versunken. Gefragt, würde er antworten, daß er meditiere, irgendein Gebet oder ein Mantra wiederholend – und ihm genügte das. Er fand darin Erquickung nach der täglichen Monotonie des Lebens. Er war allein auf dem Rasen. Hinter ihm stand blühender Jasmin; viele Blumen bedeckten den Boden, und die Schönheit des Augenblicks war um ihn ausgebreitet. Aber er sah niemals diese Schönheit, er war versunken in die Schönheit seines eigenen Tuns.

Meditation ist nicht die Wiederholung eines Wortes, noch das Erfahren einer Vision oder das Kultivieren des Schweigens. Der Rosenkranz und das Wort beruhigen den geschwätzigen Geist, aber das ist eine Form von Selbsthypnose. Man mag ebenso gut eine Pille nehmen.

Meditation bedeutet nicht, sich in eine Denkschablone einzuhüllen, in den Zauber des Wohlbehagens. Meditation hat keinen Anfang, und daher hat sie kein Ende.

Wenn Sie sagen: «Ich will heute damit beginnen, meine Gedanken zu kontrollieren, still in meditativer Haltung zu sitzen, regelmäßig zu atmen» – dann sind Sie in die Tricks eingefangen, mit denen man sich selbst betrügt. Meditation bedeutet nicht, von einer großartigen Idee oder einem Bild absorbiert zu werden; das beruhigt nur für den Augenblick, wie bei einem Kind, das durch ein Spielzeug gefesselt wird und während dieser Zeit ruhig ist. Aber sobald das Spielzeug aufhört interessant zu sein, beginnt wieder die Unruhe und die Ausgelassenheit. Meditation ist nicht das Verfolgen eines unsichtbaren Pfades, der zu irgendeinem eingebildeten Zustand der Seligkeit führt. Der meditative Geist schaut – beobachtend, lauschend, ohne das Wort, ohne Stellungnahme, ohne Meinung –, er ist achtsam auf die Bewegung des Lebens in all seinen Beziehungen während des ganzen Tages gerichtet. Und des Nachts, wenn der ganze Organismus ruht, hat der meditative Mensch keine Träume, denn er ist den ganzen Tag über wach gewesen. Nur der Lässige hat Träume; nur der Halbwache braucht die Hinweise auf seine eigenen Zustände. Aber wenn der Geist wacht und der Bewegung des Lebens lauscht, der äußeren und der inneren, überkommt diesen Menschen ein Schweigen, das kein Stückwerk des Denkens ist.

Es ist kein Schweigen, das der Beobachter erfahren kann. Wenn er es erfährt und es wiedererkennt, ist es nicht länger Schweigen. Das Schweigen des meditativen Geistes liegt nicht innerhalb des Bereichs des Erkennbaren, denn dieses Schweigen hat keine Grenzen. Da ist nur Schweigen – in dem es den trennenden Raum nicht mehr gibt.

Die Hügel wurden von den Wolken förmlich getragen, und der Regen polierte die Felsen, gewaltige Blöcke, die über die Hügel verstreut waren. In dem grauen Granit war ein schwarzer Streifen, und an diesem Morgen wurde der dunkle Basaltfelsen vom Regen gewaschen und wurde schwärzer.

Die Teiche füllten sich auf, und die Frösche quakten tiefkehlig. Eine ganze Schar von Papageien kam von den Feldern herein, um Schutz zu suchen, und die Affen kletterten die Bäume hinauf, und die rote Erde wurde dunkler.

Wenn es regnet, entsteht eine eigenartige Stille, und an diesem Morgen schienen in dem Tal alle Geräusche aufgehört zu haben – die Geräusche des Bauernhofes, des Traktors und das Geräusch vom Zerhacken des Holzes.

Nur vom Dach hörte man es tropfen, und in den Wasserrinnen gurgelte es.

Es war ganz ungewöhnlich, den fallenden Regen auf sich zu spüren, naß zu werden bis auf die Haut und zu fühlen, wie die Erde und die Bäume den Regen mit großem Entzücken empfingen; denn es hatte einige Zeit nicht geregnet, und nun füllten sich die kleinen Risse in der Erde. Der Lärm der vielen Vögel wurde durch den Regen gedämpft. Die Wolken kamen vom Osten herein, dunkel, schwer beladen, und zogen gen Westen weiter; die Hügel schienen von ihnen getragen, und der Duft der Erde verbreitete sich bis in jeden Winkel. Es regnete den ganzen Tag.

Und in der Stille der Nacht schrien die Eulen über das Tal hinweg einander zu.

Er war ein Schullehrer, ein Brahmane mit einem sauberen Leinentuch. Er war barfüßig und trug ein westliches Hemd. Er war sauber, scharfäugig, sichtlich von liebenswürdiger Art, und seine Begrüßung war ein Ausdruck seiner Bescheidenheit. Er war nicht zu groß und sprach sehr gut Englisch, denn er war Englischlehrer in der Stadt. Er sagte, daß er nicht viel verdiene, und gleich allen Lehrern in der Welt fand er es sehr schwierig, sich nach der Decke zu strecken. Natürlich war er verheiratet und hatte Kinder, aber er schien das alles beiseite zu fegen, als ob es darauf überhaupt nicht ankäme. Er war ein stolzer Mann mit einem besonderen Selbstgefühl; es war kein Stolz auf Grund von Großtaten, es war nicht der Stolz des Hochgeborenen oder des Reichen – sondern der Stolz einer alten Rasse, des Repräsentanten einer alten Tradition und eines Systems der Gedanken und Moral, die in Wirklichkeit nichts mit dem zu tun hatten, was er tatsächlich war. Sein Stolz lag in der Vergangenheit, die er repräsentierte, und sein Beiseiteschieben der gegenwärtigen Schwierigkeiten des Lebens war die Geste eines Mannes, der das alles als unvermeidlich, aber äußerst belanglos betrachtet. Seine Ausdrucksweise war die des Südens, hart und laut. Er sagte, er hätte seit vielen Jahren den Reden hier unter den Bäumen zugehört. Als er ein junger Mann war, noch auf der Universität, hatte ihn sein Vater hergebracht. Später, als er seine augenblickliche armselige Stelle erhielt, kam er jedes Jahr.

«Ich habe Ihnen seit vielen Jahren zugehört. Vielleicht verstehe ich intellektuell, was Sie sagen, aber es scheint nicht sehr tief einzudringen. Ich liebe den Hintergrund der Bäume, unter denen Sie sprechen, und ich schaue auf den Sonnenuntergang, wenn Sie darauf hinweisen – wie Sie es so oft in Ihren Reden tun –, aber ich kann es nicht fühlen, ich empfinde nichts beim Anblick eines Blattes und habe keine Freude an den tanzenden Schatten auf der Erde. Ich habe überhaupt keine Gefühle, tatsächlich! Ich habe natürlich sehr viel gelesen, sowohl englische Literatur wie auch die Literatur dieses Landes. Ich kann Gedichte rezitieren, aber die Schönheit, die hinter dem Wort liegt, ist mir entgangen. Ich werde immer unfreundlicher, nicht nur zu meiner Frau und den Kindern, sondern zu jedermann. In der Schule schreie ich mehr. Ich möchte gern wissen, warum ich das Entzücken an der Abendsonne verloren habe – wenn ich es je gehabt habe! Ich möchte wissen, warum ich das Üble, das in der Welt existiert, nicht mehr stark empfinde. Ich scheine alles intellektuell zu sehen und kann recht vernünftig mit fast jedem reden – wenigstens glaube ich, daß ich es kann. Warum habe ich die Liebe verloren und das Gefühl echten Mitleids und wahrer Teilnahme? Warum gibt es diesen Abgrund zwischen dem Intellekt und dem Herzen?»

Schauen Sie auf jene Bougainvillea draußen am Fenster. Sehen Sie sie überhaupt? Sehen Sie das Licht darauf, seine Transparenz, die Farbe, die Form und ihre Beschaffenheit?

«Ich betrachte sie, aber es bedeutet mir absolut nichts. Und es gibt Millionen, die so sind wie ich. So komme ich auf jene Frage zurück – warum besteht dieser Abgrund zwischen dem Intellekt und den Gefühlen?»

Kommt es daher, daß wir schlecht erzogen worden sind, daß nur das Gedächtnis kultiviert wurde und uns von frühester Kindheit an niemals ein Baum, eine Blume, ein Vogel, eine Wasserfläche gezeigt wurde? Kommt es daher, daß wir das Leben mechanisiert haben? Kommt es aus der Überbevölkerung? Für jeden Job gibt es Tausende, die ihn haben möchten. Oder kommt es durch den Standesdünkel, den Stolz auf Tüchtigkeit, den Stolz auf die Rasse, den Stolz auf kluge Gedanken? Glauben Sie, daß es das ist?

«Wenn Sie mich fragen, ob ich stolz sei – ja, ich bin es.»

Aber das ist nur einer der Gründe, warum der sogenannte Intellekt dominiert. Kommt es daher, daß die Worte so ungewöhnlich wichtig geworden sind und nicht das, was jenseits der Worte ist, was darüber hinausgeht? Oder liegt der Grund darin, daß Sie auf vielfache Weise frustriert und gehemmt sind, was Ihnen überhaupt nicht bewußt zu sein braucht? In der modernen Welt wird der Intellekt angebetet, und je klüger und verschlagener Sie sind, umso besser kommen Sie voran.

«Vielleicht mag es an dem allen liegen, aber bedeutet das so viel? Natürlich können wir fortfahren, endlos zu analysieren und die Ursache zu beschreiben, aber wird das den Abgrund zwischen dem Geist und dem Herzen überbrücken? Das ist es, was ich gerne wissen möchte. Ich habe einige psychologische Bücher gelesen und unsere eigene alte Literatur, aber es begeistert mich nicht, so bin ich zu Ihnen gekommen, obgleich es vielleicht für mich zu spät sein mag.»

Liegt Ihnen wirklich etwas daran, daß Geist und Herz zusammenkommen sollten? Sind Sie nicht in Wirklichkeit zufrieden mit Ihren intellektuellen Fähigkeiten? Vielleicht ist die Frage, wie Geist und Herz vereinigt werden sollen, nur akademisch? Warum kümmern Sie sich darum, die beiden zusammenzubringen? Dieses Interesse ist nur intellektuell und entspringt nicht einer wirklichen Sorge um den Zerfall der Gefühle, wie es bei Ihnen der Fall ist. Sie haben das Leben in den Intellekt und das Herz aufgeteilt, und Sie beobachten intellektuell, wie die Gefühle dahinschwinden und sind verbal darüber beunruhigt. Lassen Sie sie dahinschwinden. Leben Sie nur im Intellekt. Ist das möglich?

«Ich habe aber Gefühle.»

Aber sind diese Gefühle nicht in Wirklichkeit Sentimentalität und Gefühlsschwelgerei? Darüber sprechen wir gewiß nicht. Wir sagen: *Seien* Sie unempfänglich für die Liebe; es macht nichts. Leben Sie ganz und gar in Ihrem Intellekt und in Ihren verbalen Manipulationen, Ihren geschickten Argumenten. Und wenn Sie tatsächlich so leben – was geschieht dann? Was Sie beanstanden, ist die zerstörende Wirkung dieses Intellekts, den Sie so anbeten. Dieses Zerstörerische bringt eine Menge Probleme mit sich. Sie sehen wahrscheinlich die Wirkung der intellektuellen Aktivität in der Welt – die Kriege, den Ehrgeiz, die Arroganz der Herrschenden –, und vielleicht fürchten Sie sich davor, was geschehen wird, fürchten sich vor der Hoffnungslosigkeit und Verzweiflung des Menschen. Solange diese Trennung zwischen Gefühl und Intellekt besteht, beherrscht eins das andere, muß das eine das andere zerstören; es gibt kein Überbrücken der beiden. Sie mögen viele Jahre den Reden zugehört haben, und vielleicht haben Sie große Anstrengungen gemacht, um Geist und Herz zusammenzubringen, aber diese Anstrengung kommt aus dem Verstand, der somit über das Herz herrscht. Liebe gehört zu keinem von beiden, weil sie keinen Machtanspruch kennt. Sie ist nicht etwas, das durch Denken oder Gefühl zusammengestückelt werden kann. Sie ist keine Äußerung des Intellekts oder eine sinnenhafte Reaktion. Sie sagen: «Ich muß Liebe haben, und um sie zu besitzen, muß ich das Herz kultivieren.» Aber diese Kultivierung kommt aus dem Verstand, und so halten Sie diese beiden immer getrennt; sie können nicht überbrückt oder für einen nützlichen Zweck zusammengebracht werden. Liebe ist am Anfang, nicht am Ende eines Bemühens.

«Was also soll ich tun?»

Jetzt wurden seine Augen strahlender; in seinem Körper war eine Bewegung. Er schaute aus dem Fenster, und langsam begann er Feuer zu fangen.

Sie können nichts tun. Denken Sie nicht darüber nach! Und lauschen Sie; und sehen Sie die Schönheit dieser Blume.

4

Selbstbemitleidung

MEDITATION IST DAS ENTFALTEN DES NEUEN. Das Neue liegt jenseits der sich wiederholenden Vergangenheit und geht darüber hinaus – und Meditation ist das Beenden dieser Wiederholung. Der Tod, den Meditation verursacht, ist die Unvergänglichkeit des Neuen. Das Neue liegt nicht innerhalb des Denkbereichs, und Meditation ist das Schweigen der Gedanken.

Meditation bedeutet nicht, ein Ziel zu erreichen, eine Vision zu gewinnen, noch ist sie eine Gefühlserregung. Sie ist gleich einem Strom, der nicht zu zähmen ist, der schnell dahinfließt und seine Ufer überflutet. Sie ist Musik ohne Klang, kann nicht heimisch und nicht nutzbar gemacht werden. Sie ist das Schweigen, in dem es von Anfang an keinen Beobachter gibt.

Die Sonne stand noch nicht hoch; man konnte den Morgenstern durch die Bäume hindurch sehen. Es herrschte eine Stille, die wirklich ungewöhnlich war; nicht die Stille zwischen zwei Geräuschen oder zwischen zwei Tönen, sondern die Stille, die überhaupt keine Ursache hat – die Stille, die am Beginn der Welt gewesen sein muß. Sie füllte das ganze Tal und die Hügel.

Die beiden großen Eulen, die einander zuriefen, störten diese Stille nicht im geringsten, und ein Hund in der Ferne, der den späten Mond anbellte, war Teil dieser Unermeßlichkeit. Der Tau war besonders stark, und als die Sonne über den Hügel heraufkam, funkelte er in vielen Farben und mit einem Leuchten, wie es die ersten Sonnenstrahlen erzeugen.

Die zarten Blätter der Jacaranda* waren schwer von Tau, und Vögel kamen, um ihr Morgenbad zu nehmen, flatterten mit ihren Flügeln, so daß der Tau von den zarten Blättern das ganze Gefieder benetzte. Die Krähen waren besonders beharrlich; sie hüpften von einem Zweig zum anderen, stießen ihre Köpfe durch die Blätter, flatterten mit ihren Schwingen und putzten sich. Es war etwa ein halbes Dutzend von ihnen auf diesem einen starken Zweig, und viele andere Vögel waren über den ganzen Baum verstreut und nahmen ihr Morgenbad.

Und diese Stille breitete sich aus und schien über die Hügel hinauszugehen. Es gab das übliche Geschrei und Lachen der Kinder; und der Bauernhof begann zu erwachen.

Der anbrechende Tag war kühl, und nun nahmen die Berge das Licht der Sonne auf. Es waren sehr alte Berge – wahrscheinlich die ältesten in der Welt – mit seltsam geformten Felsen, die mit großer Sorgfalt ausgemeißelt zu sein schienen, einer auf der Spitze des anderen ausbalanziert; aber kein Wind und keine Berührung konnte sie aus diesem Gleichgewicht bringen.

Es war ein Tal, weit entfernt von Städten, und die Straße in dem Tal führte zu einem anderen Dorf. Die Straße war holprig, und keine Autos oder Busse störten die uralte Stille dieses Tales. Es gab Ochsenkarren, aber ihre Bewegung war ein Teil der Hügel. Ein ausgetrocknetes Flußbett war da, das nur nach heftigem Regen voll Wasser war, und seine Farbe war eine Mischung von rot, gelb und braun. Und auch das Flußbett schien sich mit den Bergen zu bewegen. Und die Dörfler, die schweigend dahinwanderten, waren gleich den Felsen.

Der Tag schleppte sich dahin, und gegen Ende des Abends, als die Sonne über den westlichen Bergen unterging, kam das Schweigen aus weiter Ferne, über die Hügel, durch die Bäume und bedeckte die kleinen Büsche und den alten Banyan-Baum. Und als die Sterne zu leuchten begannen, nahm die Stille an Stärke zu; man konnte es kaum ertragen.

* Ein tropischer, amerikanischer Buschbaum.

Die kleinen Lampen des Dorfes waren ausgelöscht, und mit dem Schlaf wurde die Intensität dieser Stille tiefer, weiter und unvorstellbar überwältigend. Selbst die Berge wurden stiller, denn auch sie hatten ihr Geflüster eingestellt, ihre Bewegung, und schienen ihr ungeheures Gewicht zu verlieren.

Sie sagte, daß sie fünfundvierzig wäre; sie war sorgfältig in einen Sari gekleidet, mit einigen Armreifen an den Handgelenken. Der ältere Mann in ihrer Begleitung sagte, er wäre ihr Onkel. Wir alle saßen auf dem Fußboden, überschauten einen großen Garten mit einem Banyan-Baum, einigen Mangobäumen, den leuchtenden Bougainvillea und den heranwachsenden Palmen. Sie war schrecklich traurig. Ihre Hände waren rastlos, und sie versuchte einen Wortausbruch und vielleicht einen Ausbruch in Tränen zu verhindern. Der Onkel sagte: «Wir sind gekommen, um mit Ihnen über meine Nichte zu sprechen. Ihr Ehemann starb vor einigen Jahren und dann ihr Sohn, und nun kann sie nicht aufhören zu jammern und ist schrecklich gealtert. Wir wissen nicht, was wir tun sollen. Der übliche Rat der Doktoren scheint nicht zu wirken, und sie scheint den Kontakt mit ihren anderen Kindern zu verlieren. Sie wird immer dünner. Wir wissen nicht, wie das alles enden soll, und sie bestand darauf, hierherzukommen, um Sie zu sehen.»

«Ich verlor meinen Ehemann vor vier Jahren. Er war Arzt und starb an Krebs. Er muß es vor mir verheimlicht haben, und erst im letzten Jahr etwa erfuhr ich davon. Er hatte heftige Schmerzen, obgleich die Ärzte ihm Morphium und andere Beruhigungsmittel gaben. Vor meinen Augen schwand er dahin und starb.»

Sie schwieg, an den Tränen würgend. Auf einem Zweig saß ruhig gurrend eine Taube. Sie war bräunlich-grau mit einem kleinen Kopf und einem großen Körper – nicht zu groß, denn es war eine Taube. Sie flog dann davon, und der Zweig schwang auf und ab von dem Druck ihres Abflugs.

«Ich kann diese Einsamkeit irgendwie nicht ertragen, dieses sinnlose Dasein ohne ihn. Ich liebte meine Kinder;

ich hatte drei davon, einen Jungen und zwei Mädchen. Im letzten Jahr schrieb mir der Junge eines Tages aus der Schule, daß er sich nicht wohl fühle, und ein paar Tage später bekam ich von dem Schulleiter einen Anruf, der mir sagte, daß er tot sei.»

Hier begann sie unbezähmbar zu schluchzen. Bald darauf holte sie einen Brief von dem Jungen hervor, in dem er sagte, daß er nachhause kommen möchte, denn er fühle sich nicht wohl und daß er hoffe, daß es ihr gut ginge. Sie erklärte, daß er um sie besorgt war; er hatte nicht zur Schule gehen wollen, sondern hatte den Wunsch, bei ihr zu bleiben. Und sie zwang ihn mehr oder weniger zu gehen, aus Furcht, ihn mit ihrem Kummer anzustecken. Nun war es zu spät. Die zwei Mädchen, sagte sie, wären sich dessen, was geschehen war, nicht völlig bewußt, denn sie waren noch sehr jung. Plötzlich brach es aus ihr heraus: «Ich weiß nicht, was ich tun soll. Dieser Tod hat die Grundlage meines Lebens erschüttert. Wie bei einem Haus war unsere Ehe sorgfältig auf einem, wie es uns schien, festen Fundament gebaut. Nun ist durch dieses ungeheure Ereignis alles zerstört.»

Der Onkel muß ein Gläubiger gewesen sein, traditionsgebunden, denn er fügte hinzu: «Gott hat sie damit heimgesucht. Sie ist durch all die notwendigen Zeremonien gegangen, aber sie haben ihr nicht geholfen. Ich glaube an Wiedergeburt, aber sie findet darin keinen Trost. Sie wünscht nicht einmal darüber zu sprechen. Für sie ist alles sinnlos, und wir waren nicht imstande, ihr irgend einen Trost zu geben.»

Wir saßen einige Zeit schweigend da. Ihr Taschentuch war jetzt völlig durchnäßt; ein sauberes Taschentuch aus der Schublade half ihr, die Tränen auf den Wangen wegzuwischen. Die rote Bougainvillea lugte verstohlen durch das Fenster, und das helle Südlicht lag auf jedem Blatt.

Wünschen Sie, darüber ernsthaft zu sprechen, bis zur Wurzel des Ganzen vorzudringen? Oder möchten Sie durch irgendeine Erklärung, durch ein wohldurchdachtes Argument getröstet werden, oder durch einige befriedigende Worte von Ihrem Leid abgelenkt werden?

Sie antwortete: «Ich würde gerne tief eindringen, aber ich weiß nicht, ob ich die Fähigkeit oder die Kraft habe, dem ins Auge zu schauen, was Sie sagen werden. Als mein Mann noch lebte, pflegten wir zu einigen Ihrer Reden zu kommen; aber jetzt finde ich es sehr schwer, Ihnen zu folgen.»

Warum grämen Sie sich? Geben Sie keine Erklärung, denn das wäre nur eine verbale Konstruktion Ihrer Gefühle, die nicht der wirklichen Tatsache entspräche. Wenn wir also eine Frage stellen, beantworten Sie sie bitte nicht. Hören Sie einfach zu und finden Sie selbst heraus. Warum verursacht der Tod dieses Leid – in jedem Haus, bei reich und arm, von dem Mächtigsten im Lande bis zum Bettler? Warum leiden Sie? Ist es wegen Ihres Ehemannes – oder leiden Sie Ihretwillen? Wenn Sie seinetwegen weinen, können ihm Ihre Tränen helfen? Er ist unwiderruflich gegangen. Tun Sie, was Sie wollen, Sie werden ihn nie zurückerlangen. Keine Tränen, kein Glaube, keine Zeremonien und keine Götter können ihn je zurückbringen. Es ist eine Tatsache, die Sie akzeptieren müssen; Sie können nichts weiter tun. Aber wenn Sie um Ihretwillen weinen, wegen Ihrer Vereinsamung, Ihres inhaltslosen Lebens, wegen der sinnenhaften Freuden, die Sie hatten und der Gemeinschaft, dann jammern Sie aus Ihrer inneren Leerheit heraus und aus Selbstbemitleidung, nicht wahr? Vielleicht sind Sie zum ersten Mal Ihrer inneren Armut gewahr. Sie haben alles in Ihren Gatten investiert, wenn wir zart darauf hinweisen dürfen, und es hat Ihnen Trost, Befriedigung und Vergnügen gegeben, nicht wahr? Alles was Sie jetzt empfinden – das Gefühl des Verlustes, den Schmerz der Einsamkeit und die Angst – ist eine Form der Selbstbemitleidung. Schauen Sie darauf. Verhärten Sie nicht Ihr Herz dagegen, sagen Sie nicht: «Ich liebe meinen Mann, und ich habe nicht ein bißchen an mich selbst gedacht. Ich wünschte ihn zu schützen, selbst wenn ich oft versuchte, ihn zu beherrschen; aber es geschah alles seinetwegen, und niemals dachte ich dabei an mich selbst.» Nun, da er gegangen ist, erkennen Sie Ihren tatsächlichen inneren Zustand, nicht wahr? Sein Tod hat Sie erschüttert und Ihnen den wahren Zustand Ihres Geistes und Herzens gezeigt. Sie mögen nicht bereit sein, darauf hinzuschauen; Sie mögen es aus Furcht zurückweisen, aber wenn Sie genauer hinsehen, werden Sie erkennen, daß Sie aus Ihrer Verlassenheit, aus Ihrer inneren Armut klagen – das heißt, aus Mitleid mit sich selbst.

«Sie sind ziemlich grausam, nicht wahr, mein Herr?» sagte sie. «Ich bin um echten Trost zu Ihnen gekommen, und was geben Sie mir?»

Es ist eine der Illusionen, die die meisten Menschen haben, daß es so etwas wie einen inneren Trost gibt, daß irgend ein anderer ihn Ihnen geben kann oder daß Sie ihn selbst finden können. Ich fürchte, so etwas gibt es nicht. Wenn Sie Trost suchen, leben Sie zwangsläufig in einer Illusion, und wenn diese Illusion zerbrochen wird, werden Sie traurig, weil Ihnen dieser Trost weggenommen wurde. Um also das Leid zu verstehen oder darüber hinauszugelangen, muß man tatsächlich sehen. was im Innern vor sich geht und darf es nicht verdecken oder bemänteln. Das alles klar zu machen, ist keine Grausamkeit. Es ist nichts Häßliches, um davor zurückzuschrekken. Wenn Sie das alles sehen, sehr klar, dann sind Sie augenblicklich davon frei, ohne eine Schramme, makellos, frisch, unberührt durch die Ereignisse des Lebens. Der Tod ist für uns alle unvermeidlich; man kann ihm nicht entkommen. Wir versuchen Erklärungen jeder Art zu finden, hängen uns an jede Art von Glauben, in der Hoffnung darüber hinauszugelangen; was Sie aber auch tun werden, er ist immer da; morgen oder um die nächste Ecke, oder viele Jahre später – er ist immer da. Man muß sich mit dieser gewaltigen Tatsache des Lebens vertraut machen.

«Aber ...» sagte der Onkel, und dann kam der traditionelle Glaube an Atman, die Seele, die beständige Einheit, die fortdauert. Er befand sich jetzt auf seinem eigenen Grund, gut gepflastert mit klugen Argumenten und Zitaten. Man sah ihn plötzlich aufrecht sitzen, und der Kampfgeist des Wortgefechtes leuchtete aus seinen Augen. Sympathie, Liebe und Verständnis waren dahin. Er befand sich auf dem geheiligten Grund seines Glaubens, der Tradition, festgetreten durch das schwere Gewicht der Voreingenommenheit: «Aber der Atman ist in jedem von uns! Er wird wiedergeboren und besteht fort, bis er erkennt, daß er Brahman ist. Wir müssen durch das Leid gehen, um zu dieser Realität zu gelangen. Wir leben in Illusion; die Welt ist eine Illusion. Es gibt nur eine Realität.»

Und aus war es! Sie schaute mich an, ohne ihm viel Aufmerksamkeit zu schenken, und ein zartes Lächeln erschien auf ihrem Antlitz; und wir beide schauten auf die Taube, die zurückgekommen war, und auf die leuchtendrote Bougainvillea.

Es gibt nichts Bleibendes, weder auf Erden noch in uns selbst. Der Gedanke kann einer Sache, über die er nachdenkt, Fortdauer geben; er kann einem Wort, einer Idee, einer Tradition Beständigkeit geben. Das Denken hält sich für beständig, aber ist es beständig? Der Gedanke ist die Antwort der Erinnerung, und ist diese Erinnerung beständig? Er kann ein Bild aufbauen und diesem Bild eine Fortdauer, eine Beständigkeit geben, es Atman nennen, oder was Sie sonst wollen, und er kann sich des Antlitzes des Ehemannes oder der Ehefrau erinnern und daran festhalten. Das alles ist die Aktivität des Denkens, die Furcht hervorruft, und aus dieser Furcht entsteht das Verlangen nach Beständigkeit – die Furcht, morgen keine Mahlzeit oder kein Obdach zu haben, die Furcht vor dem Tode. Diese Furcht ist das Ergebnis des Denkens, und Brahman ist auch das Produkt des Denkens.

Der Onkel sagte: «Erinnerung und Gedanken sind gleich einer Kerze. Sie löschen sie aus und zünden sie wieder an; Sie vergessen und Sie erinnern sich später wieder. Sie sterben und werden in einem anderen Leben wiedergeboren. Die Flamme der Kerze ist dieselbe und nicht dieselbe. So ist in der Flamme eine gewisse Fortdauer.»

Aber die Flamme, die ausgelöscht wurde, ist nicht dieselbe Flamme wie die neue. Die alte muß enden, damit die neue sein kann. Wenn eine beständig modifizierte Fortdauer vorhanden ist, dann gibt es überhaupt nichts Neues. Die tausend Gestern können nicht neu gemacht werden; selbst eine Kerze brennt sich aus. Alles muß enden, damit das Neue sein kann.

Der Onkel kann sich jetzt nicht auf Zitate oder Glaubenssätze oder Aussprüche anderer stützen. So zieht er sich in sich zurück und wird ruhig, verwirrt und etwas ärgerlich, denn er hat sich selbst preisgegeben, und wie seine Nichte wünschte er nicht, der Tatsache ins Auge zu sehen.

«Ich bin an all diesem nicht interessiert», sagte sie. «Ich fühle mich äußerst elend. Ich habe meinen Ehemann und meinen Sohn verloren, und diese beiden Kinder sind übrig geblieben. Was soll ich tun?»

Wenn Sie sich um Ihre beiden Kinder kümmern, können Sie an sich selbst und Ihrem Schmerz kein Interesse haben. Sie müssen sich ihrer annehmen, sie richtig erziehen, sie nicht in der üblichen Mittelmäßigkeit aufziehen. Aber wenn Sie durch Ihr Mitleid mit sich selbst verzehrt werden, was Sie «Liebe für Ihren Ehemann» nennen, und wenn Sie sich in die Isolierung zurückziehen, dann zerstören Sie auch die beiden anderen Kinder. Bewußt oder unbewußt sind wir alle äußerst selbstsüchtig, und solange wir das bekommen, was wir wünschen, betrachten wir alles als in Ordnung. Aber in dem Augenblick, da etwas passiert, das das alles zerstört, schreien wir auf in Verzweiflung, hoffen, einen anderen Trost zu finden, der natürlich auch zerschlagen wird. So geht dieser Prozeß weiter, und wenn Sie wünschen, darin eingefangen zu sein, in voller Kenntnis der ganzen Verwicklungen, dann machen Sie nur so weiter! Aber wenn Sie die Sinnlosigkeit dessen sehen, dann werden Sie auf natürliche Weise aufhören zu jammern, aufhören, sich zu isolieren; Sie werden mit den Kindern unter einem neuen Aspekt leben und mit einem Lächeln auf Ihrem Antlitz.

5

Der Atman

Das Schweigen hat viele Ausdrucksformen. Da ist das Schweigen zwischen zwei Geräuschen, das Schweigen zwischen zwei Tönen und das Schweigen, das sich in dem Intervall zwischen zwei Gedanken ausbreitet. Da ist diese seltsame, friedliche, durchdringende Stille, die am Abend über das Land kommt; da ist die Stille, durch die hindurch das Gebell eines Hundes in der Ferne zu hören ist oder das Pfeifen eines Zuges, der steil aufwärts fährt; die Stille in einem Haus, wenn jeder schlafen gegangen ist und ihre besondere Eindringlichkeit, wenn du mitten in der Nacht aufwachst und auf das Schreien einer Eule im Tal lauschst; und da ist jenes Schweigen, bevor der Gefährte der Eule antwortet. Da ist das Schweigen eines alten verlassenen Hauses und das Schweigen eines Berges; das Schweigen zwischen zwei Menschen, wenn sie dasselbe gesehen, dasselbe gefühlt und getan haben.

In dieser Nacht, besonders in jenem entfernten Tal mit den uralten Hügeln und ihren seltsam geformten Felsblöcken, war die Stille so wirklich wie die Mauer, die du berührtest. Und du schautest aus dem Fenster auf die leuchtenden Sterne. Es war keine selbsterzeugte Stille; sie kam nicht daher, daß die Erde ruhig war und die Dörfler schliefen, sondern sie kam von überall her – von den entfernten Sternen, von jenen dunklen Hügeln und aus dem eigenen Geist und Herzen. Diese Stille schien alles zu umfassen, von dem winzigsten Sandkorn im Flußbett – das nur, wenn es regnete, fließendes Gewässer kannte – bis zu den hochgewachsenen, weit verzweigten Banyan-Bäumen und einer leichten Brise, die jetzt aufkam. Da ist die Stille des Geistes, die niemals durch irgendein Geräusch berührt wird, durch keinen Gedanken oder den flüchtigen Wind der Erfahrung. Dieses Schweigen ist unschuldig und so unendlich. Wenn dieses Schweigen des Geistes vorhanden ist, entspringt daraus eine Handlung, die keine Verwirrung und kein Elend verursacht.

Die Meditation eines Geistes, der äußerst still ist, ist die Segensfülle, die der Mensch immer sucht. In dieser Stille gibt es jede Ausdrucksform des Schweigens.

Da ist dieses seltsame Schweigen, das in einem Tempel herrscht, oder in einer leeren Kirche tief im Landesinnern, ohne den Lärm der Touristen und der Betenden; und das große Schweigen, das auf dem Wasser liegt, ist Teil dessen, was außerhalb der Stille des Geistes ist.

Der meditative Geist enthält alle diese Arten, Wandlungen und Regungen des Schweigens. Diese Stille des Geistes ist der wahre religiöse Geist, und das Schweigen der Götter ist das Schweigen der Erde. Der meditative Geist gleitet in dieses Schweigen hinein, und Liebe ist der Ausdruck dieses Geistes. In diesem Schweigen ist Segen und Lachen.

Der Onkel kam wieder zurück, diesmal ohne die Nichte, die ihren Ehemann verloren hatte. Er war etwas sorgfältiger gekleidet, zudem mehr beunruhigt und interessierter, und sein Gesicht war düster vor Ernsthaftigkeit und Ängstlichkeit. Der Fußboden, auf dem wir saßen, war hart, und die rote Bougainvillea war da und schaute durch das Fenster auf uns. Die Taube würde wahrscheinlich etwas später kommen. Sie kam immer des Morgens um diese Zeit. Sie saß immer auf jenem Zweig auf demselben Platz, mit dem Rücken dem Fenster zugekehrt und mit dem Kopf nach Süden, und das Gurren würde sanft durch das Fenster dringen.

«Ich würde gerne über Unsterblichkeit und die Vervollkommnung des Lebens sprechen, wie es sich zur höchsten Realität hin entfaltet. Nach dem, was Sie neulich sagten, haben Sie eine unmittelbare Wahrnehmung von dem, was wahr ist, und wir, die wir nicht wissen, glauben nur. Wir wissen wirklich überhaupt nichts über den Atman; uns ist nur das Wort vertraut. Das Symbol ist für uns das Reale geworden, und wenn Sie das Symbol beschreiben, was Sie neulich taten, erschrecken wir. Aber trotz dieser Furcht hängen wir daran, weil wir tatsächlich nichts wissen außer dem, was uns gelehrt worden ist, was die früheren Lehrer gesagt haben, und die

Bürde der Tradition belastet uns ständig. So möchte ich vor allem wissen, ob es eine Realität gibt, die beständig ist, jene Realität, man mag sie mit jedem beliebigen Namen benennen – Atman oder Seele –, die nach dem Tode fortbesteht. Ich fürchte mich nicht vor dem Tod. Ich bin dem Tod meiner Frau und mehrerer meiner Kinder gegenübergestanden, aber mich beschäftigt dieser Atman als eine Realität. Gibt es diese bleibende Wesenheit in mir?»

Wenn wir von Beständigkeit sprechen, meinen wir doch wohl etwas, das fortdauert trotz des beständigen Wandels überall, trotz der Erfahrungen, trotz all der Ängste, Leiden und Brutalitäten, etwas, das unvergänglich ist. Zunächst, wie kann man es herausfinden? Kann es durch das Denken, durch Worte ausfindig gemacht werden? Können Sie das Beständige durch das Unbeständige finden? Können Sie das, was unveränderlich ist, durch das finden, was sich ständig wandelt, durch das Denken? Der Gedanke kann einer Idee, dem Atman oder der Seele Beständigkeit geben und sagen, «das ist das Reale», weil der Gedanke inmitten dieses ständigen Wandels voller Furcht ist, und aus dieser Furcht heraus sucht er etwas Bleibendes – eine bleibende Beziehung zwischen menschlichen Wesen, eine Beständigkeit in der Liebe. Das Denken selbst ist unbeständig, wandelt sich, darum ist auch alles, das es als bleibend erfindet, unbeständig wie es selbst. Der Gedanke kann sich ein Leben lang an eine Erinnerung klammern und diese Erinnerung als beständig bezeichnen, und dann zu wissen wünschen, ob sie nach dem Tode fortbestehen wird. Der Gedanke hat dieses Ding geschaffen, ihm Fortdauer gegeben, es Tag für Tag genährt und daran festgehalten. Dies ist die größte Illusion, weil das Denken in der Zeit lebt, und was es gestern erfahren hat, dessen erinnert es sich heute und morgen; daraus wird die Zeit geboren. So gibt es die Beständigkeit der Zeit und die Beständigkeit, die das Denken der Idee gegeben hat, letztlich die Wahrheit zu erreichen. Alles das ist das Produkt des Denkens: die Furcht, die Zeit und die Erreichung des Ziels – das ewige Werden.

«Aber wer ist der Denker – dieser Denker, der das alles gedacht hat?»

Gibt es überhaupt einen Denker oder nur das Denken, das den Denker zusammensetzt? Und wenn es den Denker eingesetzt hat, dann erfindet er das Bleibende, die Seele, den Atman.

«Wollen Sie damit sagen, daß ich zu existieren aufhöre, wenn ich nicht mehr denke?»

Haben Sie jemals auf natürliche Weise erlebt, sich in einem Zustand zu befinden, in dem der Gedanke völlig abwesend ist? Sind Sie in diesem Zustand Ihrer selbst bewußt als der Denker, der Beobachter, der Erfahrende? Der Gedanke ist die Reaktion der Erinnerung, und das Bündel der Erinnerungen ist der Denker. Wenn es keinen Gedanken mehr gibt, gibt es dann überhaupt noch das «Ich», von dem wir so viel Aufhebens und Geschrei machen? Wir sprechen nicht von einer Person in Amnesie oder von jemandem, der in den Tag hinein träumt oder die Gedanken zum Schweigen bringt, sondern von einem Geist, der völlig wachsam, sehr rege ist. Wenn es keinen Gedanken und kein Wort gibt, befindet sich dann der Mensch nicht in einer gänzlich anderen Dimension?

«Gewiß ist da etwas ganz anderes, wenn das Selbst nicht handelt, sich nicht geltend macht, aber das muß nicht bedeuten, daß das Selbst nicht existiert – nur, weil es nicht handelt.»

Natürlich existiert es! Das «Ich», das Ego, das Bündel der Erinnerungen existiert. Das nehmen wir aber nur wahr, wenn es auf eine Herausforderung reagiert, aber es ist da, vielleicht schlafend oder unwirksam, auf die nächste Gelegenheit wartend, um zu reagieren. Ein gieriger Mensch ist die meiste Zeit mit seiner Gier beschäftigt; er mag Augenblicke haben, in denen sie nicht aktiv ist, aber sie ist immer da.

«Welches ist diese lebendige Wesenheit, die sich in der Gier ausdrückt?»

Sie ist stets Gier; die beiden sind nicht getrennt.

«Ich verstehe vollkommen, was Sie das Ego, das ‹Ich› nennen, sein Gedächtnis, seine Gier, seinen Behauptungswillen, seine vielfachen Wünsche, aber ist da nichts anderes als dieses Ego? Wollen Sie behaupten, daß Vergessenheit einsetzt, wenn das Ego abwesend ist?»

Wenn der Lärm dieser Krähen aufhört, dann ist etwas da: dieses Etwas ist das Geschwätz des Geistes – die Probleme, die Sorgen, die Konflikte, auch dieses Forschen nach dem, was nach dem Tode bleibt. Diese Frage kann nur beantwortet werden, wenn der Mensch nicht länger gierig oder neidisch ist. Wir beschäftigen uns nicht damit, was ist, nachdem das Ego aufgehört hat, sondern vielmehr mit dem Aufhören all der Attribute des Ego. Das ist das wirkliche Problem – nicht, was Realität ist, oder ob es etwas Bleibendes, Ewiges gibt –, sondern ob der Mensch, der durch die Kultur, in der er lebt, so belastet ist und für die er verantwortlich ist, ob solch ein Mensch sich befreien und entdecken kann.

«Wie soll ich dann beginnen, mich zu befreien?»

Sie können sich nicht befreien. Sie sind der Keim dieses Elends, und wenn Sie fragen «wie», fragen Sie nach einer Methode, die das «Ich» zerstören soll, aber in dem Prozeß der Zerstörung des «Ich» erzeugen Sie ein anderes «Ich».

«Wenn ich eine andere Frage stellen darf, was ist dann Unsterblichkeit? Sterblichkeit ist Tod, Sterblichkeit ist der Weg des Lebens mit seinen Schmerzen und seinem Kummer. Der Mensch hat ewig nach einer Unsterblichkeit, einem todlosen Zustand gesucht.»

Wiederum sind Sie auf die Frage zurückgekommen, was zeitlos ist, was jenseits des Denkens liegt. Was jenseits des Denkens liegt, ist Unschuld, und das Denken mag tun, was es will, es kann nie damit Berührung haben, denn das Denken ist immer alt. Unschuld ist gleich der Liebe unsterblich, aber damit das sein kann, muß der Geist frei sein von den tausend Gestern mit ihren Erinnerungen. Und Freiheit ist ein Zustand, in dem es keinen Haß, keine Gewalt, keine Brutalität gibt. Ohne all diese Dinge beiseite zu tun, wie können wir fragen, was Unsterblichkeit ist, was Liebe ist, was Wahrheit ist?

6

Der Guru

Wenn man sich vornimmt, zu meditieren, wird es keine Meditation sein. Wenn man sich vornimmt, gut zu sein, wird sich Güte niemals entfalten. Wenn Bescheidenheit kultiviert wird, ist das ihr Ende. Meditation ist gleich dem Winde, der hereinkommt, wenn das Fenster offen ist; aber wenn man es vorsätzlich offen hält, sie vorsätzlich einlädt zu kommen, wird sie nicht erscheinen.

Meditation ist keine Denkmethode, denn das Denken ist verschlagen, mit unendlichen Möglichkeiten des Selbstbetruges, und so wird es den Weg der Meditation verfehlen. Gleich der Liebe kann man nicht nach ihr trachten.

Der Fluß war an diesem Morgen sehr ruhig. Man konnte darauf die Reflektionen der Wolken, des neuen Winterweizens und des jenseitigen Waldes sehen. Selbst das Boot des Fischers schien die Ruhe nicht zu stören. Die Stille des Morgens lag über dem Lande. Die Sonne ging gerade über den Wipfeln der Bäume auf, in der Ferne hörte man eine Stimme rufen, und in der Nähe lag ein Sanskritgesang in der Luft.

Die Papageien und die Mynas hatten ihre Nahrungssuche noch nicht begonnen; die Geier, nackthalsig und schwer, saßen auf der Spitze des Baumes und warteten auf das Aas, das den Fluß hinuntertreiben würde. Oft würde man ein totes Tier vorbeitreiben sehen, mit einem oder zwei Geiern darauf, und die Krähen würden darum herumflattern in der Hoffnung auf einen Happen. Ein Hund würde hinausschwimmen, und da er nicht Fuß fassen könnte, würde er zum Ufer zurückkehren und weiterlaufen. Ein Zug würde vorbeikommen und auf der Brücke, die ziemlich lang war, ein stählernes Rasseln verursachen. Und jenseits davon, flußaufwärts, lag die Stadt.

Es war ein Morgen, erfüllt von stiller Freude. Armut, Krankheit und Leid wanderten noch nicht auf der Landstraße. Eine schwankende Brücke führte über den kleinen Strom; und dort, wo dieser kleine Strom – schmutzig-braun – sich mit dem großen Fluß vereinte, wurde er für heilig gehalten, und dorthin kamen an Festtagen Menschen, um darin zu baden, Männer, Frauen und Kinder. Es war kalt, aber es schien ihnen nichts auszumachen. Und die Tempelpriester jenseits des Weges verdienten viel Geld; und das Häßliche begann.

Er war ein bärtiger Mann und trug einen Turban. Er war irgendwie geschäftlich tätig, und seinem Aussehen nach, er war wohlgenährt, schien er erfolgreich. Er war langsam im Gehen und langsam im Denken. Seine Reaktionen waren noch langsamer. Er brauchte mehrere Minuten, um eine einfache Erklärung zu verstehen. Er sagte, er hätte einen eigenen Guru und, da er vorbeigekommen sei, hätte er den Drang gefühlt, heraufzukommen und über Dinge zu sprechen, die ihm wichtig erschienen.

«Warum», fragte er, «sind Sie gegen Gurus? Es scheint so absurd; sie wissen, und ich weiß nicht; sie können mich führen, mir helfen, mir sagen, was zu tun ist und mir viel Leid und Verwirrung ersparen. Sie sind wie ein Licht in der Finsternis, und man muß von ihnen geführt werden, sonst ist man verloren, verwirrt und in großem Elend. Die Gurus sagten mir, daß ich nicht kommen und Sie sehen sollte; sie belehrten mich über die Gefahr, die von denen kommt, die das traditionelle Wissen nicht akzeptieren. Sie sagten, wenn ich anderen zuhörte, würde ich das Haus zerstören, das sie sorgfältig aufgebaut haben. Aber die Versuchung zu kommen und Sie zu sehen war zu stark; so bin ich hier.»

Er freute sich sichtlich darüber, der Versuchung nachgegeben zu haben.

Warum ist ein Guru notwendig? Weiß er mehr als Sie? Und was weiß er? Wenn er sagt, daß er weiß, weiß er in Wirklichkeit nicht, und überdies ist das Wort nicht der tatsächliche Zustand. Kann irgend jemand Sie über den ungewöhnlichen Zustand des Geistes belehren? Sie mögen fähig sein, Ihnen diesen Zustand zu beschreiben, Ihr Interesse, Ihren Wunsch zu erwecken, ihn zu erlangen, ihn zu erfahren – aber sie können Ihnen diesen Zustand nicht geben. Sie müssen sich selbst aufmachen, Sie müssen die Reise allein unternehmen, und auf dieser Reise müssen Sie Ihr eigener Lehrer und Schüler sein.

«Aber das alles ist sehr schwer, nicht wahr?» sagte er, «und die Schritte können erleichtert werden durch diejenigen, die diese Realität erfahren haben.»

Die Gurus werden zur Autorität, und alles, was Sie nach ihrer Anweisung zu tun haben, ist nur, zu folgen, nachzuahmen, zu gehorchen, das Bild, das System anzunehmen, das sie Ihnen anbieten. Auf diese Weise verlieren Sie jede Initiative, jede direkte Wahrnehmung. Sie folgen nur dem, was sie für den Weg der Wahrheit halten. Aber unglücklicherweise gibt es keinen Weg zur Wahrheit.

«Was meinen Sie damit?» rief er, ziemlich schockiert.

Die Menschen werden beeinflußt durch Propaganda, durch die Gesellschaft, in der sie aufgezogen wurden und in der jede Religion behauptet, daß ihr Weg der beste sei. Und es gibt tausend Gurus, die behaupten, daß ihre Methode, ihr System, ihre Art der Meditation der einzige Pfad sei, der zur Wahrheit führt. Und wenn Sie es beobachten: jeder Schüler toleriert leutselig die Schüler anderer Gurus. Toleranz ist die zivilisierte Hinnahme einer Scheidelinie zwischen den Menschen – politisch, religiös und sozial. Der Mensch hat viele Pfade erfunden, die jedem Gläubigen Trost geben, und so wird die Welt zerstückelt.

«Wollen Sie damit sagen, daß ich meinen Guru aufgeben muß? Alles preisgeben, was er mich gelehrt hat? Ich wäre verloren!»

Aber müssen Sie nicht verloren sein, um zu entdecken? Wir fürchten uns davor, verloren zu sein, unsicher zu sein, und darum laufen wir denjenigen nach, die auf den religiösen, politischen oder sozialen Gebieten den Himmel versprechen. Damit fördern sie die Furcht und halten uns in dieser Furcht gefangen.

«Aber kann ich alleine gehen?» fragte er mit ungläubiger Stimme.

Es hat so viele Erlöser, Meister, Gurus, politische Führer und Philosophen gegeben, und nicht einer von ihnen hat Sie vor Ihrem eigenen Elend und Konflikt bewahrt. Warum also ihnen folgen? Vielleicht mag es eine ganz andere Einstellung auf alle unsere Probleme geben.

«Aber bin ich ernsthaft genug, das alles selbständig in Angriff zu nehmen?»

Sie sind nur dann ernsthaft, wenn Sie selbst – und nicht durch irgend einen anderen – die Vergnügungen zu verstehen beginnen, denen Sie jetzt nachgehen. Sie leben auf der Ebene des Vergnügens. Nicht, daß es kein Vergnügen geben sollte, aber wenn Ihnen dieses Trachten danach vom Anfang bis zum Ende Ihres Lebens alles bedeutet, dann können Sie gewiß nicht ernsthaft sein.

«Sie geben mir das Gefühl, hilflos und hoffnungslos zu sein.»

Sie fühlen sich hoffnungslos, weil Sie beides wollen. Sie wünschen ernsthaft zu sein, und Sie möchten auch all die Vergnügungen haben, die die Welt geben kann. Diese Vergnügungen sind irgendwie so nichtig und unbedeutend, daß Sie zusätzlich nach dem Vergnügen verlangen, das Sie «Gott» nennen. Wenn Sie das alles selbst erkennen und nicht, weil es Ihnen ein anderer gesagt hat, dann macht dieses Sehen Sie zum Schüler und zum Meister. Das ist der Hauptpunkt. Dann sind Sie der Lehrer und der Belehrte und die Lehre.

«Aber», behauptete er, «Sie sind ein Guru. Sie haben mich an diesem Morgen etwas gelehrt, und ich akzeptiere Sie als meinen Guru.»

Nichts wurde gelehrt, sondern Sie haben *geschaut*. Das Schauen hat es Ihnen gezeigt. Das Schauen ist Ihr Guru, wenn Sie es in dieser Art auszudrücken wünschen. Aber es liegt bei Ihnen, entweder zu schauen oder nicht zu schauen. Niemand kann Sie zwingen. Aber wenn Sie schauen, weil Sie belohnt werden möchten oder aus Furcht vor Strafe, verhindert dieses Motiv das Schauen. Um zu sehen, müssen Sie frei sein von aller Autorität, Tradition, Furcht und vom Denken mit seinen klugen Worten. Die Wahrheit liegt nicht an einem weit entfernten Ort; sie liegt im Schauen auf das, was ist. Sich selbst zu sehen, wie man ist – dieses unmittelbare Gewahrsein, in das keine wertende Unterscheidung eindringen kann – ist der Anfang und das Ende allen Suchens.

7

Schönheit

DAS DENKEN kann das Wesen des Raumes nicht begreifen oder es sich selbst klarmachen. Was immer es auch formuliert, es bleibt durch die eigenen Schranken begrenzt. Das ist nicht der Raum, in dem man der Meditation begegnet. Denken hat immer einen Horizont. Der meditative Geist hat keinen Horizont. Der Verstand kann nicht von dem Begrenzten zum Unermeßlichen gelangen, noch kann er das Begrenzte in das Grenzenlose verwandeln. Das eine muß aufhören, damit das andere sein kann. Meditation ist das Öffnen der Tür in eine Weite, die nicht vorstellbar ist und über die man nicht spekulieren kann. Das Denken ist das Zentrum, um das sich der Raum der Ideen auftut, und dieser Raum kann durch weitere Ideen ausgedehnt werden. Aber diese Ausdehnung, die irgendwie stimuliert wird, ist nicht die Weite, die ohne Zentrum ist. Meditation ist das Verstehen dieses Zentrums, wodurch man darüber hinaus gelangt. Stille und Weite gehören zusammen. Die Unermeßlichkeit der Stille ist die Unermeßlichkeit des Geistes, der ohne ein Zentrum ist. Die Wahrnehmung dieses Raumes und dieser Stille hat nichts mit dem Denken zu tun. Das Denken kann nur seine eigene Projektion wahrnehmen, und dieses Wiedererkennen ist seine Begrenzung.

Man überquerte den kleinen Fluß über eine wacklige Brücke aus Bambusrohr und Schlick. Der Fluß vereinte sich mit dem großen Strom und verschwand im Wasser der starken Strömung. Die kleine Brücke hatte Löcher, und man mußte recht vorsichtig gehen. Man ging die sandige Böschung hinauf und kam an einem kleinen Tempel vorbei und ein wenig weiter an einem Ziehbrunnen, der so alt war wie alle Ziehbrunnen der Erde. Am Rande eines Dorfes waren viele Ziegen und hungrige Männer und Frauen, eingewickelt in schmutzige Kleidung, denn es war recht kalt. Sie fischten in dem großen Fluß, und irgendwie waren sie sehr dürftig, ausgemergelt, schon betagt, und einige verkrüppelt. In der Stadt stellten Weber in dunklen, schäbigen Räumen mit kleinen Fenstern die herrlichsten Brokate und Seiden-Saries her. Es ist ein Handwerk, das vom Vater auf den Sohn vererbt wurde, und Mittelsmänner und Ladenbesitzer wurden dabei reich.

Man ging nicht durch das Dorf, sondern bog nach links ab und folgte einem Pfad, der heilig geworden war, denn man nahm an, daß vor etwa 2500 Jahren der Buddha auf diesem Pfad gewandelt war, und Pilger kamen aus dem ganzen Lande, um auf ihm zu wandeln. Dieser Pfad führte durch grüne Felder, mitten durch Mangohaine und Guajavebäume und durch zerstreut liegende Tempel. Es befand sich dort ein altes Dorf, wahrscheinlich älter als der Buddha, und viele Schreine und Plätze, wo die Pilger die Nacht verbringen konnten. Das Dorf war gänzlich in Verfall geraten; niemand schien sich darum zu kümmern. Die Ziegen liefen auf dem Platz umher. Große Bäume standen da, ein alter Tamarindenbaum mit Geiern in den Wipfeln und einer Schar von Papageien. Man sah sie herankommen und in dem grünen Baum verschwinden; sie hatten dieselbe Farbe wie die Blätter; man hörte ihr Geschrei, aber man konnte sie nicht sehen.

Auf beiden Seiten des Weges erstreckten sich Felder mit Winterweizen, und in der Ferne waren Dörfler und der Rauch von Feuerstellen, über denen sie kochten. Es war sehr still, der Rauch stieg gerade auf. Ein Bulle, schwer, wild aussehend, aber ganz harmlos, wanderte durch die Felder und fraß von dem Getreide, während er von dem Bauer über das Feld getrieben wurde. In der Nacht hatte es geregnet, und der lästige Staub hatte sich gelegt. Die Sonne würde während des Tages heiß werden, aber jetzt gab es schwere Wolken, und sogar am Tage war es angenehm zu wandern, die saubere Erde zu riechen und die Schönheit des Landes zu sehen. Es war ein sehr altes Land, voller Zauber und menschlichem Leid, mit seiner Armut und seinen nutzlosen Tempeln.

«Sie haben sehr viel über Schönheit und Liebe gesprochen, und nachdem ich Ihnen zugehört habe, sehe ich, daß ich weder weiß, was Schönheit, noch was Liebe ist. Ich bin ein Durchschnittsmensch, aber ich habe sehr viel gelesen, sowohl Philosophie wie auch Literatur. Die Erklärungen, die dort angboten werden, scheinen von dem abzuweichen, was Sie sagen. Ich könnte Ihnen das, was die Alten dieses Landes über Liebe und Schönheit gesagt haben, zitieren und auch, wie sie es im Westen ausgedrückt haben, aber ich weiß, daß Sie Zitate nicht lieben, weil sie nach Autorität schmecken. Aber wenn Sie dazu aufgelegt sind, könnten wir in diese Frage eindringen, und dann werde ich vielleicht fähig sein zu verstehen, was Schönheit und Liebe bedeuten.»

Wie kommt es, daß es in unserem Leben so wenig Schönheit gibt? Warum sind Museen mit ihren Bildern und Statuen notwendig? Warum müssen Sie Musik hören oder Beschreibungen von Landschaften lesen? Guter Geschmack kann gelehrt werden, vielleicht hat man ihn auch von Natur aus. Aber guter Geschmack ist nicht Schönheit. Liegt Schönheit in den Dingen, die zusammengesetzt sind – das schnittige moderne Flugzeug, das kompakte Tonbandgerät, das moderne Hotel oder der griechische Tempel, die Schönheit der Linie einer sehr komplizierten Maschine oder die Kurve einer schönen Brücke über einem tiefen Abgrund?

«Aber meinen Sie, daß es keine Schönheit in den Dingen gibt, die schön gemacht sind und vollkommen funktionieren? Keine Schönheit in hervorragenden künstlerischen Leistungen?»

Natürlich gibt es das. Wenn Sie in das Innere einer Uhr schauen, zeigt sich eine bemerkenswerte Feinheit, und darin liegt eine gewisse Art von Schönheit, und ebenso in den alten Marmorsäulen oder in den Worten eines Dichters. Aber wenn das die ganze Schönheit ist, dann ist es nur die oberflächliche Reaktion der Sinne. Wenn Sie einen Palmenbaum sehen, allein stehend gegen die untergehende Sonne, ist es die Farbe, die Stille der Palme, ist es die Ruhe des Abends, die Sie das Schöne fühlen läßt, oder ist Schönheit gleich der Liebe etwas, das jenseits der Berührung und des Anblicks liegt? Ist es eine Frage der Erziehung, der Voreingenommenheit, wenn behauptet wird: «Das ist schön und das nicht?» Ist es eine Frage der Sitte, der Gewohnheit und des Stils, wenn gesagt wird: «Das ist Verwahrlosung, aber jenes ist Ordnung und die Entfaltung des Guten?» Wenn es alles eine Frage des Vorurteils ist, dann ist es das Produkt der Kultur und Tradition und daher keine Schönheit. Wenn Schönheit das Ergebnis oder das Wesen der Erfahrung ist, dann ist für den Menschen aus dem Westen wie aus dem Osten die Schönheit von Erziehung und Tradition abhängig. Gehört Liebe gleich der Schönheit dem Osten oder dem Westen, dem Christentum oder dem Hinduismus, oder ist sie das Monopol des Staates oder einer Ideologie? Offensichtlich ist nichts davon der Fall.

«Was ist sie dann?»

Sehen Sie, die Strenge, die in der Selbstpreisgabe liegt, ist Schönheit. Ohne Strenge gibt es keine Liebe, und ohne sich selbst aufzugeben, ist Schönheit ohne Realität. Wir verstehen unter Strenge nicht die harte Disziplin des Heiligen oder des Mönchs oder des Kommissars mit ihrer stolzen Selbstverleugnung, oder die Disziplin, die ihnen Macht und Anerkennung gibt – das hat nichts mit Strenge zu tun. Strenge ist nicht hart, sie ist keine disziplinierte Betonung des Eigendünkels. Sie ist nicht die Ablehnung des Komforts oder das Gelübde der Armut oder Keuschheit. Strenge ist das Endergebnis der Intelligenz. Diese Strenge kann es nur in der Selbstpreisgabe geben und nicht durch den Willen, durch Auswahl, durch bewußte Absicht. Preisgabe ist ein Akt der Schönheit, und es ist Liebe, die die tiefe innere Klarheit der Strenge hervorbringt. Schönheit ist Liebe, in der alles Wägen und Messen aufgehört hat. Dann ist diese Liebe – sie kann tun, was sie will – Schönheit.

«Was verstehen Sie unter ‹tun, was sie will›? In der Selbstpreisgabe bleibt nichts mehr zu tun übrig.»

Das Tun ist nicht von dem getrennt, was ist. Die Trennung erzeugt Konflikt und Häßlichkeit. Wenn es diese Trennung nicht gibt, dann ist das Leben selbst der Akt der Liebe. Die tiefe innere Einfachheit der Strenge bringt ein Leben mit sich, das keine Dualität kennt. Das ist die Reise, die der Mensch machen muß, um zu dieser Schönheit ohne das Wort zu gelangen. Diese Reise ist Meditation.

8

Isolierung

MEDITATION IST HARTE ARBEIT. Sie verlangt die höchste Form der Disziplin – nicht Anpassung, nicht Nachahmung, nicht Gehorsam, sondern eine Disziplin, die durch ständige Bewußtheit entsteht, nicht nur vor den äußeren Dingen, sondern auch vor den inneren Gegebenheiten. So ist Meditation kein Vorgang der Isolierung, sondern ist Handlung im alltäglichen Leben, das Kooperation, Einfühlsamkeit und Intelligenz verlangt. Ohne die Grundlage eines rechtschaffenen Lebens zu legen, wird Meditation eine Flucht und hat daher überhaupt keinerlei Wert. Ein rechtes Leben liegt nicht im Befolgen der sozialen Moral, sondern ist die Freiheit von Neid, Gier und der Suche nach Macht – die alle Feindschaft erzeugen. Die Freiheit von diesen Dingen entsteht nicht durch die Aktivität des Willens, sondern dadurch, daß man ihrer durch Selbsterkenntnis bewußt wird. Ohne die Umtriebe des Selbst zu kennen, wird Meditation zu einem Sinnenreiz und ist daher von nur geringer Bedeutung.

Auf diesem Breitengrad gibt es kaum das Zwielicht oder die Dämmerung, und an diesem Morgen war der breite und tiefe Fluß wie geschmolzenes Blei. Die Sonne war noch nicht über dem Land aufgegangen, aber im Osten erhellte sich der Himmel. Die Vögel hatten ihren täglichen Morgengesang noch nicht angestimmt, und die Dorfbewohner begrüßten sich noch nicht durch Zurufe. Der Morgenstern stand hoch am Himmel, und da man hinschaute, wurde er bleicher und bleicher, bis die Sonne gerade über den Bäumen stand und der Fluß zu Silber und Gold wurde.

Dann begannen die Vögel zu singen, und das Dorf erwachte. Gerade in diesem Augenblick, ganz plötzlich, erschien auf dem Fensterbrett ein großer Affe, grau, mit einem schwarzen Gesicht und buschigem Haar über der Stirn. Seine Hände waren schwarz, und sein langer Schwanz hing über dem Fensterbrett in das Zimmer hinein. Er saß dort sehr ruhig, fast regungslos und schaute uns ohne eine Bewegung an. Wir waren einander ganz nahe, nur wenige Fuß trennten uns. Und plötzlich streckte er seinen Arm aus, und wir hielten uns für einige Zeit an den Händen. Seine Hand war rauh, schwarz und staubig, denn er war über das Dach geklettert, über die kleine Fensterbrüstung und war herabgekommen und saß nun da. Er war völlig entspannt, und es war überraschend, daß er ungewöhnlich gutgelaunt war. Er zeigte keine Furcht, keine Unsicherheit; es war so, als sei er zuhause. Da saß er nun, hinter sich den Fluß, der jetzt in goldenem Glanz erstrahlte und dahinter das grüne Ufer und die fernen Bäume. Wir müssen uns ziemlich lange an den Händen gehalten haben; dann, wie beiläufig, zog er seine Hand zurück, blieb aber, wo er war. Wir schauten einander an, und man konnte seine schwarzen kleinen Augen leuchten sehen, die voll seltsamer Neugierde waren. Er wollte in das Zimmer kommen, zögerte aber, dann reckte er Arme und Beine, langte nach der Fensterbrüstung und war über dem Dach verschwunden. Am Abend war er wieder da, hoch oben auf einem Baum und fraß etwas. Wir winkten ihm zu, aber es gab keine Reaktion.

Der Mann war ein Sannyasi, ein Mönch mit einem recht freundlichen, zarten Gesicht und sensitiven Händen. Er war sauber, und sein Gewand war kürzlich gewaschen worden, obgleich nicht gebügelt. Er sagte, er sei von Rishikesh gekommen, wo er viele Jahre mit einem Guru verbracht hatte, der sich jetzt in die höher gelegenen Berge zurückgezogen hatte und allein blieb. Er sagte, daß er in vielen Ashrams gewesen wäre. Er hätte seine Heimat viele Jahre zuvor verlassen, im Alter von vielleicht zwanzig Jahren. Er konnte sich nicht genau erinnern, in welchem Alter er gegangen war. Er sagte, er hätte Eltern und mehrere Schwestern und Brüder, aber er hätte die Verbindung mit ihnen völlig verloren. Er wäre den weiten Weg gekommen, weil er von mehreren Gurus gehört hätte, daß er uns sehen müsse, und außerdem hätte er hier und dort ein wenig gelesen. Und kürzlich hätte er mit einem Sannyasi-Gefährten gesprochen, und nun wäre er hier. Man konnte sein Alter nicht schätzen; er war über das mittlere Alter hinaus, aber seine Stimme und seine Augen waren noch jung.

«Es ist mein Los gewesen, Indien zu durchwandern und die verschiedenen Zentren mit ihren Gurus aufzusuchen. Einige von ihnen waren gelehrt, andere unwissend, obgleich von einer Art, die auf etwas Besonderes schließen ließ. Andere jedoch sind reine Ausbeuter, die Mantras austeilen; diese waren oft im Ausland und wurden populär. Es gibt sehr wenige, die über diesem allen stehen, aber unter diesen wenigen befand sich mein letzter Guru. Nun hat er sich in einen entfernten und abgelegenen Teil des Himalaya zurückgezogen. Eine ganze Gruppe von uns besucht ihn einmal im Jahr, um seinen Segen zu empfangen.»

Ist Isolierung von der Welt notwendig?

«Offensichtlich muß man der Welt entsagen, denn die Welt ist nicht real, und man muß einen Guru haben, um belehrt zu werden, denn der Guru hat die Realität erfahren, und er wird denjenigen, die ihm folgen, helfen, diese Realität zu verwirklichen. Er weiß, und wir wissen nicht. Wir sind überrascht, von Ihnen zu hören, daß kein Guru notwendig ist, denn Sie widerstreben damit der Tradition. Sie selbst sind ja für viele zu einem Guru geworden, und die Wahrheit kann nicht allein gefunden werden. Man muß Hilfe haben – die Riten, die Führung derjenigen, die wissen. Vielleicht mag man am Ende ohne

Hilfe stehen müssen, aber nicht jetzt. Wir sind Kinder, und wir brauchen diejenigen, die auf dem Pfad vorangekommen sind. Nur wenn man zu Füßen desjenigen sitzt, der weiß, kann man lernen; aber Sie scheinen das alles zu verneinen, und ich bin gekommen, um ernsthaft herauszufinden, warum.»

Schauen Sie auf den Fluß – auf das Morgenlicht darauf, und auf diese schimmernden, grünen, üppigen Weizenfelder und die Bäume dahinter. Dort ist große Schönheit, und die Augen, die das wahrnehmen, müssen voller Liebe sein, um die Schönheit zu erfassen. Und das Rattern jenes Zuges auf der Eisenbrücke zu hören, ist ebenso wichtig wie die Vogelstimme zu hören. Darum schauen Sie – und lauschen Sie auf jenes Taubengurren. Und schauen Sie auf jenen Tamarindenbaum mit den zwei grünen Papageien. Damit die Augen die Dinge sehen, muß eine Kommunion mit ihnen bestehen – mit dem Fluß, mit jenem Boot, das vorbeifährt, gefüllt mit Dörflern, die rudernd singen. Das ist Teil der Welt. Wenn Sie dem entsagen, dann geben Sie Schönheit und Liebe auf – die Erde selbst. Was Sie aufgeben, ist die Gesellschaft der Menschen, aber nicht das, was der Mensch aus der Welt gemacht hat. Sie verzichten nicht auf die Kultur, die Tradition, das Wissen – alles das geht mit Ihnen, wenn Sie sich aus der Welt zurückziehen. Sie geben Schönheit und Liebe auf, weil Sie sich vor diesen beiden Worten fürchten und vor dem, was hinter diesen Worten liegt. Schönheit ist mit sinnenhafter Wirklichkeit verbunden, mit ihren sexuellen Verwicklungen und der Liebe, die dazugehört. Dieser Verzicht hat die sogenannten religiösen Menschen egozentrisch gemacht – vielleicht auf einer höheren Ebene als bei den weltlichen Menschen, aber es ist dennoch Ichbezogenheit. Wenn Sie keine Schönheit und keine Liebe haben, gibt es keine Möglichkeit, zu jenem Unermeßlichen zu kommen. Wenn Sie den Lebensbereich der Sannyasis und der Heiligen ganz und gar durchschauen, werden Sie sehen, daß diese Schönheit und Liebe weit von ihnen entfernt sind. Sie mögen darüber sprechen, aber sie sind strenge Lehrmeister, gewaltsam in ihren Kontrollen und Forderungen. So sind sie im

Grunde – obgleich sie die Safranrobe anlegen mögen oder die schwarze Robe oder das Scharlachrot des Kardinals – sehr weltlich. Es ist ein Beruf wie jeder andere und hat gewiß nichts mit dem, was spirituell genannt wird, zu tun. Manche von ihnen sollten besser Geschäftsleute sein und sich nicht mit dem Air der Spiritualität umgeben.

«Aber hören Sie, Sir, Sie sind doch ziemlich hart, nicht wahr?»

Nein, wir stellen nur eine Tatsache fest, und die Tatsache ist weder hart noch angenehm oder unangenehm; sie ist so. Die meisten Menschen weigern sich, die Dinge zu sehen, wie sie sind. Aber das alles ist ziemlich klar und liegt offen zutage. Isolierung ist die übliche Lebensform, ist der Lauf der Welt. Jeder Mensch isoliert sich durch seine ichbezogene Tätigkeit, ganz gleich, ob er verheiratet ist oder nicht, ob er von Kooperation oder von Nationalität, von Leistung und Erfolg spricht. Wenn diese Isolierung einen hohen Grad erreicht, entsteht eine Neurose, die manchmal, wenn Talent vorhanden ist, Kunst, gute Literatur usw. hervorbringt. Dieses Zurückziehen aus der Welt mit ihrem Lärm, ihrer Brutalität, ihrem Haß und ihrem Vergnügen ist ein Teil dieses isolierenden Prozesses, nicht wahr? Nur macht es der Sannyasi im Namen der Religion oder im Namen Gottes, und der ehrgeizige Mensch akzeptiert es als einen Teil der sozialen Struktur.

In dieser Isolierung erlangen Sie bestimmte Kräfte, eine gewisse Strenge und Enthaltsamkeit, die ein Gefühl der Macht geben. Und Macht, sei es die des olympischen Champions oder die des Premierministers oder des Oberhauptes der Kirchen und Tempel, ist die gleiche. Macht in jeder Form ist böse – wenn man es so ausdrücken darf –, und der Mensch der Macht kann niemals die Tür zur Realität öffnen. So ist Isolierung nicht der Weg.

Kooperation ist notwendig, um überhaupt zu leben; und mit dem Gefolgsmann oder mit dem Guru gibt es keine Kooperation. Der Guru zerstört den Schüler, und der Schüler zerstört den Guru. Wie kann in dieser Beziehung des Lehrers zu dem Belehrten eine Kooperation bestehen, ein gemeinsames Arbeiten, ein gemeinsames Erforschen, das gemeinsame Unternehmen der Reise? Diese hierarchische Einteilung, die Teil der sozialen Struktur ist, sei es auf der religiösen Ebene oder in der Armee oder in der Geschäftswelt, ist in hohem Maße weltlich. Und obgleich man der Welt entsagt, bleibt man in Weltlichkeit eingefangen.

Geistigkeit besteht nicht darin, einen Lendenschurz zu tragen oder einmal am Tag zu essen oder ein bedeutungsloses, wenn auch stimulierendes Mantra oder eine Redensart zu wiederholen. Es ist Weltlichkeit, wenn Sie die Welt aufgeben und innerlich Teil dieser Welt sind, die aus Neid, Gier, Furcht besteht, die die Autorität bejaht und zwischen dem einen, der weiß, und dem anderen, der nicht weiß, unterscheidet. Es ist weiterhin Weltlichkeit, wenn Sie etwas erlangen wollen, sei es Ruhm oder das, was man das Ideal oder Gott, oder was Sie sonst wollen, nennt. Das ist die anerkannte Tradition der Kultur, die in hohem Maße weltlich ist, – und sich in die Berge weitab vom Menschen zurückzuziehen, hebt diese Weltlichkeit nicht auf. Die Realität liegt unter keinen Umständen in dieser Richtung.

Man muß allein sein, aber dieses Alleinsein ist keine Isolierung. Dieses Alleinsein bedeutet Freiheit von der Welt der Gier, des Hasses und der Gewalt mit allen ihren feinen Nuancen und Freiheit von schmerzlicher Einsamkeit und Verzweiflung.

Allein zu sein heißt ein Außenseiter zu sein, der zu keiner Religion oder Nation, zu keinem Glauben oder Dogma gehört. Es ist dieses Alleinsein, das sich einer Unschuld gesellt, die niemals durch menschliches Unglück berührt wurde. Es ist Unschuld, die in der Welt mit ihrer ganzen Unruhe leben kann und doch nicht von dieser Welt ist. Sie ist nicht in ein besonderes Gewand gekleidet. Güte entfaltet sich nicht auf irgendeinem Wege, denn es gibt keinen Pfad zur Wahrheit.

9

Glück

Man glaube nicht, daß Meditation eine Fortdauer und eine Erweiterung der Erfahrung ist. In der Erfahrung liegt immer Bestätigung, und sie ist immer an die Vergangenheit gebunden. Meditation ist im Gegenteil jenes vollkommene Nichttun, das das Ende aller Erfahrung ist. Die Handlung aus der Erfahrung hat ihre Wurzeln in der Vergangenheit und ist somit zeitbindend; sie führt zu einer Handlung, die Unordnung hervorbringt. Meditation ist das vollkommene Nichttun, das einem Geist entspringt, der sieht, was ist, ohne in die Vergangenheit verstrickt zu sein. Diese Handlung ist keine Antwort auf irgend eine Herausforderung, sondern sie ist unmittelbare Handlung, in der es keine Dualität gibt. Meditation ist das Entleeren von Erfahrung und geht beständig vor sich, bewußt oder unbewußt, und ist darum keine Handlung, die an einen bestimmten Zeitabschnitt des Tages gebunden ist. Sie ist ununterbrochenes Tun vom Morgen bis zur Nacht – das Beobachten ohne den Beobachter. Darum gibt es keine Trennung zwischen dem täglichen Leben und der Meditation, zwischen dem religiösen und dem weltlichen Leben. Die Einteilung entsteht nur, wenn der Beobachter an die Zeit gebunden ist. In dieser Trennung liegt Unordnung, Elend und Verwirrung, welches der Zustand der Gesellschaft ist.

So ist Meditation weder individualistisch noch sozial; sie überschreitet beides und schließt darum beides in sich; das ist Liebe. Das Sich-Entfalten der Liebe ist Meditation.

Am Morgen war es kühl, aber da sich der Tag dahinschleppte, begann es ziemlich heiß zu werden, und wenn man durch die Stadt ging, die engen Straßen entlang, die übervölkert, staubig, schmutzig, geräuschvoll waren, wurde einem gegenwärtig, daß eine Straße wie die andere war. Man sah fast die Explosion der Bevölkerung. Das Auto mußte sehr langsam fahren, denn die Menschen gingen genau in der Mitte der Straße. Es wurde jetzt heißer. Allmählich, mit sehr viel Hupen, gelangte man heraus aus der Stadt und war froh darüber. Man fuhr an den Fabriken vorbei, und schließlich war man auf dem Lande.

Das Land war ausgetrocknet. Vor einiger Zeit hatte es geregnet, und die Bäume warteten jetzt auf die nächste Regenzeit – und sie würden lange warten müssen. Man fuhr an Dorfbewohnern, Rindern, Ochsenkarren und Büffeln vorbei, die sich weigerten, die Mitte der Landstraße freizugeben. Man kam an einem alten Tempel vorbei, der vernachlässigt wirkte, aber das Aussehen eines alten Heiligtums hatte. Ein Pfau kam aus dem Walde, sein leuchtend blauer Hals schillerte in der Sonne. Er schien das Auto nicht zu beachten, denn er überquerte die Straße mit großer Würde und verschwand in den Feldern.

Man begann nun steile Hügel zu erklimmen, manchmal mit tiefen Schluchten an beiden Seiten. Es wurde kälter, die Bäume waren frischer. Nachdem man sich einige Zeit durch die Hügel gewunden hatte, kam man zu dem Haus. Inzwischen war es völlig dunkel. Die Sterne begannen zu leuchten. Man hatte das Gefühl, sie fast erreichen und berühren zu können. Die Stille der Nacht breitete sich über das Land. Hier konnte der Mensch allein sein, ungestört, und ohne Unterbrechung die Sterne und sich selbst anschauen.

Der Mann sagte, daß ein Tiger am Tage zuvor einen Büffel getötet hätte und sicher zu ihm zurückkommen würde, und ob wir später am Abend den Tiger gerne sehen wollten? Wir sagten, daß es uns Freude machen würde. Er anwortete: «Dann werde ich gehen und einen Schutz in einem Baum nahe dem Kadaver vorbereiten und eine lebende Ziege an den Baum binden. Der Tiger wird zuerst zu der lebenden Ziege kommen, bevor er zu dem erlegten Wild zurückgeht.» Wir antworteten, daß wir den Tiger lieber nicht auf Kosten der Ziege sehen würden. Bald darauf verließ er uns nach einem kurzen Gespräch. Am Abend sagte unser Freund: «Laßt uns in den Wagen steigen und in den Wald fahren; vielleicht werden wir auf den Tiger stoßen.» Gegen Abend fuhren wir etwa fünf oder sechs Meilen durch den Wald, und natürlich war kein Tiger da. Dann kehrten wir zurück, und die Scheinwerfer beleuchteten die Landstraße. Wir hatten alle Hoffnung aufgegeben, den Tiger zu sehen, und fuhren weiter, ohne an ihn zu denken. Gerade aber, als wir um eine Ecke bogen – da war er, in der Mitte der Landstraße, gewaltig, seine Augen leuchtend und starr. Der Wagen stoppte, und das Tier, groß und bedrohlich, kam knurrend auf uns zu. Der Tiger war jetzt ganz dicht vor uns, genau vor dem Kühler. Dann wandte er sich um und kam längsseits des Wagens. Wir streckten die Hand hinaus, um ihn, da er vorbeiging, zu berühren, aber der Freund packte den Arm und riß ihn schnell zurück, denn er verstand etwas von Tigern. Das Tier hatte eine beträchtliche Länge, und da die Fenster offen waren, konnte man es riechen; sein Geruch war nicht abstoßend. Es war von dynamischer Wildheit und von großer Kraft und Schönheit. Immer noch knurrend, verschwand es in den Wäldern, und wir fuhren unseren Weg weiter, zurück zu dem Haus.

Er war mit seiner Familie gekommen – seiner Frau und mehreren Kindern – und schien nicht allzu wohlhabend zu sein, obgleich sie ziemlich gut gekleidet und gut genährt waren. Die Kinder saßen eine Weile schweigend da, bis man ihnen vorschlug, hinauszugehen und zu spielen; dann sprangen sie eifrig auf und liefen zur Tür hinaus. Der Vater war eine Art Beamter; es war ein Beruf, den er auszufüllen hatte, und das war alles. Er fragte: «Was ist Glück, und wie kommt es, daß es nicht durch unser ganzes Leben hindurch fortbestehen kann? Ich habe Augenblicke großen Glückes gehabt und natürlich auch großen Leides. Ich habe darum gekämpft, glücklich zu leben, aber immer gibt es Kummer und Leid. Ist es möglich, glücklich zu bleiben?»

Was ist Glück? Wissen Sie, wann Sie glücklich sind, oder wissen Sie es erst einen Augenblick später, wenn es vorüber ist? Ist Glück Freude, und kann Freude beständig sein?

«Ich würde glauben, wenigstens in bezug auf mich, daß Freude Teil des Glückes ist, das ich gekannt habe. Ich kann mir Glück ohne Freude nicht vorstellen. Freude ist ein Urinstinkt im Menschen, und wie kann es Glück geben, wenn Sie die Freude wegnehmen?»

Wir erforschen doch die Frage des Glückes, nicht wahr? Und wenn Sie etwas behaupten oder bei dieser Untersuchung eine Meinung oder ein Urteil haben, werden Sie nicht weit kommen. Um in komplexe menschliche Probleme einzudringen, muß von Anfang an Freiheit da sein. Wenn Sie sie nicht besitzen, gleichen Sie einem Tier, das an einen Pfosten gebunden ist und das sich nur so weit bewegen kann, als der Strick es zuläßt. Das ist es, was sich ständig ereignet. Wir haben Begriffe, Formulierungen, Glaubenssätze oder Erfahrungen, die uns binden, und von dorther versuchen wir zu prüfen, um uns zu schauen, und das verhindert natürlich ein tiefes Erforschen. Wenn ich daher vorschlagen darf, behaupten Sie nicht oder glauben Sie nicht, sondern haben Sie Augen, die sehr klar sehen können. Wenn Glück Freude ist, dann ist es auch Leid. Sie können die Freude nicht vom Leid trennen. Gehen diese beiden nicht immer zusammen?

Was ist nun Freude, und was ist Glück? Sehen Sie, wenn Sie eine Blume untersuchen und dabei ein Blütenblatt nach dem anderen abreißen, dann bleibt von der Blume nichts übrig. Sie werden Teilchen der Blume in Ihren Händen haben, und Teilchen ergeben nicht die Schönheit der Blume. Wenn wir auf diese Frage schauen, analysieren wir nicht intellektuell, denn dadurch würden wir die ganze Sache reizlos, bedeutungslos und nichtig machen. Wir schauen mit sorgsamen Augen darauf, mit Augen, die verstehen, mit Augen, die berühren, aber nicht zerreißen. So, bitte, zerren Sie nicht daran, um mit leeren Händen davonzugehen. Überlassen Sie den analytischen Verstand sich selbst.

Vergnügen wird durch das Denken unterstützt, nicht wahr? Der Gedanke kann es fortdauern lassen, ihm den

Anschein von Dauer geben, was wir Glück nennen; wie der Gedanke auch dem Leid Fortbestand geben kann. Der Gedanke sagt: «Das mag ich, und das mag ich nicht. Ich würde dieses gerne behalten und jenes wegtun.» Aber der Gedanke hat beides geschaffen, und das Glück ist nun zu einem Denkvorgang geworden. Wenn Sie sagen: «Ich wünsche in diesem Zustand des Glückes zu bleiben» – sind Sie der Gedanke, sind Sie die Erinnerung an die frühere Erfahrung, die Sie Freude und Glück nennen.

So sagt die Vergangenheit oder das Gestern oder viele vergangene Gestern – und das ist der Gedanke: «Ich würde gerne in diesem Zustand des Glückes, den ich gehabt habe, leben.» Sie machen die tote Vergangenheit zu einer Wirklichkeit in der Gegenwart und fürchten sich davor, sie morgen zu verlieren. Auf diese Weise haben Sie eine Kette der Kontinuität geschaffen. Diese Kontinuität hat ihre Wurzeln in der Asche des Gestern, und daher ist sie überhaupt nichts Lebendiges. Nichts kann in Asche gedeihen – und Denken ist Asche. So haben Sie das Glück zu einer Sache des Denkens gemacht, und für Sie *ist* es eine Sache des Denkens.

Gibt es aber etwas anderes als Vergnügen, Schmerz, Glück und Leid? Gibt es eine Seligkeit, eine Ekstase, die durch das Denken nicht berührt wird? Denn das Denken ist sehr trivial, und nichts ist daran ursprünglich. Wenn man diese Frage stellt, muß sich das Denken aufgeben. Wenn sich das Denken aufgibt, entsteht die Disziplin der Preisgabe, die zur Gnade der Strenge wird. Dann ist Strenge nicht hart und brutal. Harte Strenge ist das Produkt des Denkens als heftige Reaktion gegen Vergnügen und Schwelgerei.

In dieser Selbstpreisgabe – in der sich das Denken preisgibt, weil es seine eigene Gefahr klar erkennt – kommt die ganze Struktur des Geistes zur Ruhe. Es ist in Wirklichkeit ein Zustand reiner Achtsamkeit, aus der eine Glückseligkeit, eine Ekstase hervorgeht, die nicht in Worte gekleidet werden kann. Wenn sie in Worte gefaßt wird, ist es nicht das Wahre.

10

Religiöses Leben

MEDITATION IST EINE BEWEGUNG voller Stille. – Das Schweigen des Geistes ist die eigentliche Handlung. Handlung, aus dem Denken geboren, ist ein Tun, das Unordnung erzeugt. Das Schweigen des Geistes ist nicht das Produkt des Denkens, noch entsteht es, wenn der Geist aufgehört hat zu schwatzen. Ein stiller Geist ist nur möglich, wenn das Gehirn ruhig ist. Die Gehirnzellen, die bisher darauf abgestimmt waren, zu reagieren, zu projizieren, zu verteidigen, sich zu behaupten, werden nur dadurch ruhig, daß man sieht, was tatsächlich ist. Aus diesem Schweigen ist eine Handlung, die keine Unordnung hervorbringt, nur dann möglich, wenn der Beobachter, das Zentrum, der Erfahrende nicht mehr da ist – denn dann ist das Sehen das Tun. Sehen ist nur möglich aus einem Schweigen, in dem jede Beurteilung, alle moralischen Wertsetzungen aufgehört haben.

Dieser Tempel war älter als seine Götter. Sie sind Gefangene des Tempels geblieben, aber der Tempel selbst war weit älter. Er hatte dicke Mauern, und Säulen standen auf den Gängen mit ausgemeißelten Pferden, Göttern und Engeln. Sie hatten eine gewisse Schönheit, und da man vorbeiging, hätte man gerne gewußt, was wohl geschähe, wenn sie alle lebendig würden, einschließlich des Gottes im Innern.

Sie sagten, daß dieser Tempel, besonders das innerste Heiligtum, weit hinter das zeitliche Vorstellungsvermögen zurückreiche. Da man durch die verschiedenen Gänge wanderte, von der Morgensonne beleuchtet, die scharfe, klare Schatten warf, hätte man gerne gewußt, wie das alles einmal war – wie der Mensch Götter aus seinem eigenen Geist geschaffen und sie mit seinen Händen geformt, sie in Tempel und Kirchen gestellt und angebetet hat.

Die Tempel aus alten Zeiten hatten eine seltsame Schönheit und Kraft. Sie schienen aus der Erde selbst hervorgegangen zu sein. Dieser Tempel war fast so alt wie der Mensch, und die Götter darin waren in Seide gekleidet, bekränzt, und wurden mit Gesängen, mit Weihrauch und mit Glocken aus ihrem Schlaf erweckt. Der Weihrauch, der seit vielen vergangenen Jahrhunderten verbrannt wurde, schien den ganzen Tempel, der sehr groß war und mehrere Morgen bedeckt haben mußte, zu durchdringen.

Die Menschen schienen aus dem ganzen Lande hierher zu kommen, die reichen und die armen, aber nur einer bestimmten Klasse war das Innere des Heiligtums zugänglich. Man trat durch ein niedriges Steintor ein und schritt über einen Wall, der von der Zeit abgetragen war. Außerhalb des Heiligtums standen steinerne Wächter, und wenn man in das Innere trat, sah man dort Priester, nackt bis zur Taille, singend, feierlich und würdevoll. Sie waren alle ziemlich gut genährt, mit dickem Bäuchlein und zarten Händen. Ihre Stimmen waren rauh, denn sie sangen schon seit so vielen Jahren. Der Gott oder die Göttin war fast formlos. Die Gestalt muß einmal ein Gesicht gehabt haben, aber die charakteristischen Merkmale waren beinahe verschwunden; die Juwelen müssen unschätzbar gewesen sein.

Als der Gesang aufhörte, trat eine Stille ein, gerade so, als ob die Erde aufgehört hätte, sich zu drehen. Hier im Innern war kein Sonnenschein, und das Licht kam nur von den Dochten, die im Öl brannten. Die Dochte hatten die Decke geschwärzt, und der Raum war eingehüllt in ein geheimnisvolles Dunkel.

Alle Götter müssen in geheimnisvoller Verborgenheit angebetet werden, anders haben sie keine Existenz.

Wenn man in das offene starke Licht der Sonne hinaustrat und auf den blauen Himmel und die hochgewachsenen schwingenden Palmbäume schaute, fragte man sich, warum sich der Mensch in dem Bild anbetet, das er mit seinen Händen und seinem Geist geschaffen hat. Furcht und dieser liebliche blaue Himmel schienen so weit voneinander getrennt.

Er war ein junger Mann, sauber, mit scharfen Zügen, strahlenden Augen und schnell bereit, zu lächeln. Wir saßen auf dem Boden in einem kleinen Raum, von dem aus man einen kleinen Garten überblickte. Der Garten war voller Rosen, von weißen bis zu fast schwarzen. Ein Papagei hing an einem Zweig, mit dem Kopf nach unten; er hatte glänzende Augen und einen roten Schnabel. Er schaute auf einen weit kleineren Vogel herab.

Der junge Mann sprach recht gut Englisch, gebrauchte aber die Worte ziemlich stockend, und im Augenblck erschien er ernst. Er fragte: «Was ist ein religiöses Leben? Ich habe verschiedene Gurus gefragt, und sie haben mir die üblichen Antworten gegeben. Nun würde ich gern, wenn es erlaubt ist, die gleiche Frage an Sie richten. Ich hatte eine gute Stellung, aber da ich nicht verheiratet bin, gab ich sie auf, weil ich durch die Religion in hohem Maße angezogen werde und herauszufinden wünsche, was es bedeutet, ein religiöses Leben in einer Welt zu führen, die so irreligiös ist.»

Statt nach einem religiösen Leben zu fragen, wäre es nicht besser, wenn ich vorschlagen darf, zu fragen, was Leben ist? Dann mögen wir vielleicht verstehen, was ein wahrhaft religiöses Leben ist. Das sogenannte religiöse Leben ändert sich von Landstrich zu Landstrich, von Sekte zu Sekte, von Glauben zu Glauben; und der Mensch nimmt durch die Propaganda der organisierten und festgelegten Interessen der Religionen Schaden. Wenn wir das alles beiseite tun könnten – nicht nur die Glaubenssätze, die Dogmen und Riten, sondern auch die Konvention, die die religiöse Kultur mit sich bringt –, dann könnten wir vielleicht herausfinden, was ein religiöses Leben ist, unberührt durch das Denken des Menschen.

Doch bevor wir das tun, wollen wir, wie ich sagte, herausfinden, was Leben ist. Die Aktualität des Lebens ist die tägliche Plackerei, die Routine mit ihren Kämpfen und Konflikten. Sie ist der Schmerz der Einsamkeit, das Unglück und das Elend von Armut und Reichtum, der Ehrgeiz, das Suchen nach Erfüllung, der Erfolg und das Leid – das alles überdeckt unser ganzes Leben. Das ist es, was wir Leben nennen – einen Kampf gewinnen und verlieren und das unaufhörliche Trachten nach Vergnügen.

Im Gegensatz oder im Widerspruch dazu steht das, was man als religiöses oder geistiges Leben bezeichnet. Aber der Gegensatz enthält den Keim der eigenen Gegensätzlichkeit, und obgleich es unterschiedlich zu sein scheint, ist es das tatsächlich nicht. Man mag das äußere Gewand wechseln, aber das innere Wesen dessen, was war und dessen, was sein soll, ist dasselbe. Diese Dualität ist das Produkt des Denkens und erzeugt darum nur mehr Konflikt, und dieser Konflikt ist ohne Ende. Das alles kennen wir – es wurde uns von anderen gesagt, oder wir haben es selbst gefühlt; und alles das nennen wir Leben.

Das religiöse Leben liegt nicht auf der anderen Seite des Flusses; es ist auf dieser Seite – auf seiten der ganzen Plackerei des Menschen. Gerade das müssen wir verstehen, und in diesem Verstehen liegt der religiöse Akt, nicht darin, sich mit Asche zu bestreuen, ein Leinentuch oder eine Mitra zu tragen, im Sitz des Meisters zu sitzen oder von einem Elefanten getragen zu werden.

Den ganzen bedingten Zustand zu sehen, das Vergnügen und das Elend des Menschen, ist das Wichtigste und nicht die Spekulation darüber, was ein religiöses Leben sein sollte. Was sein sollte, ist ein Mythos; es ist die Moral, die das Denken und die Phantasie zusammengebaut haben, und man muß diese Moral ablehnen – die soziale, die religiöse und die industrielle. Diese Ablehnung ist nichts Intellektuelles, sondern ein tatsächliches Herausschlüpfen aus dieser Moral, die in Wirklichkeit Unmoral ist.

So lautet die Frage tatsächlich: Ist es möglich, aus dieser Norm herauszutreten? Es ist das Denken, das diese erschreckende Unordnung und dieses Elend geschaffen und sowohl Religiosität wie auch religiöses Leben verhindert hat. Das Denken glaubt, daß es aus der Norm heraustreten kann, aber wenn es das tut, bleibt es doch nur ein Denkvorgang, denn das Denken hat keine Realität, und daher wird es nur eine andere Illusion schaffen.

Diese Norm hinter sich zu lassen, ist kein Denkakt. Das muß klar verstanden werden, sonst werden Sie wieder in das Gefängnis des Denkens eingefangen werden. Im Grunde genommen ist das «Ich» ein Bündel von Erinnerung, Tradition und eines Wissens von tausend Gestern. So können Sie nur mit dem Beenden des Leides – denn Leid ist das Resultat des Denkens – aus der Welt des Krieges, des Hasses, des Neides und der Gewalttätigkeit heraustreten. Dieser Akt des Heraustretens ist das religiöse Leben. Das religiöse Leben hat überhaupt keinen Glauben, denn es hat kein Morgen.

«Fordern Sie nicht ein Unmögliches? Fordern Sie nicht ein Wunder? Wie kann ich aus dem allen heraustreten ohne Denken? Das Denken ist mein eigentliches Sein!»

Das ist es gerade! Eben dieses Sein, das Denken ist, muß zu einem Ende kommen. Diese Ichbezogenheit mit ihrer Aktivität muß natürlich und mühelos erlöschen. In diesem Tod allein liegt der Beginn des neuen religiösen Lebens.

11

Sex

WENN MAN BEWUSST eine Haltung, eine bestimmte Stellung einnimmt, um zu meditieren, dann wird es eine Spielerei, ein Spielzeug des Geistes. Wenn man beschließt, sich aus der Verwirrung und dem Elend des Lebens herauszuziehen, dann erlebt man Phantasievorstellungen – und das ist nicht Meditation. Der bewußte Geist oder der unbewußte Geist darf daran nicht teilhaben; man darf nicht einmal des Ausmaßes und der Schönheit der Meditation gewahr sein; wenn man es ist, dann kann man ebenso gut hingehen und sich einen romantischen Roman kaufen.

In der vollkommenen Achtsamkeit der Meditation gibt es kein Wissen, kein Wiedererkennen, keine Erinnerung an etwas, das sich ereignet hat. Zeit und Denken haben völlig aufgehört, denn sie sind das Zentrum, das in den Grenzen seiner eigenen Visionen lebt.

In dem Augenblick der Erleuchtung schwindet das Denken dahin, und die bewußte Anstrengung, sie zu erleben und die Erinnerung daran ist ein Wortbild des Gewesenen. Denn das Wort ist niemals das Wirkliche. In diesem Augenblick, der außerhalb der Zeit ist, ist das Höchste das Unmittelbare, aber dieses Letzte hat kein Symbol, es hat mit keiner Person, keinem Gott etwas zu tun.

An diesem Morgen, besonders in dieser Frühe, war das Tal ungewöhnlich still. Die Eule hatte aufgehört zu schreien, und es gab keine Antwort von ihrem Gefährten drüben in den entfernten Hügeln. Kein Hund bellte, und das Dorf war noch nicht erwacht. Im Osten war ein Leuchten, eine Verheißung, und das Kreuz des Südens war noch nicht verblaßt. Es gab nicht einmal ein Gewisper in den Zweigen, und selbst die Erde schien aufgehört haben sich zu drehen. Man konnte das Schweigen fühlen, es berühren, es riechen, und es schien alles zu durchdringen. Es war nicht das Schweigen draußen auf jenen Hügeln, zwischen den Bäumen, das die Stille ausmachte; man war die Stille selbst und nicht von ihr getrennt. Die Unterscheidung zwischen Lärm und Schweigen hatte aufgehört. Und jene Hügel, dunkel, ohne eine Regung, gehörten dazu wie man selbst.

Dieses Schweigen war sehr aktiv. Es war nicht die Ablehnung des Lärms, und auf seltsame Art war es an diesem Morgen durch das Fenster gekommen, wie ein Duft, und mit ihm kam ein Gefühl des Absoluten. Da man aus dem Fenster schaute, war die Entfernung zwischen allen Dingen aufgehoben, und die Augen öffneten sich mit der Morgendämmerung und sahen jedes Ding neu.

«Ich bin an Sex, sozialer Gleichheit und Gott interessiert. Das sind die einzigen Dinge, die im Leben von Bedeutung sind, und sonst nichts. Politik, Religionen mit ihren Priestern und Versprechungen, mit ihren Riten und

Konfessionen sind einfach beleidigend. Sie beantworten in Wirklichkeit nichts, sie haben niemals ein Problem wirklich gelöst, sie haben nur dazu verholfen, die Probleme hinauszuschieben. Sie haben die Sexualität auf verschiedene Weise verdammt, und sie haben die soziale Ungleichheit unterstützt, und der Gott ihrer Vorstellung ist ein Stein, den sie mit sentimentaler Liebe umkleidet haben. Ich persönlich kann damit überhaupt nichts anfangen. Ich sage Ihnen das nur, damit wir das alles beiseite räumen und uns mit diesen drei Problemen beschäftigen können: Sex, soziales Elend und das, was man Gott nennt.

Für mich ist Sexualität so notwendig wie es die Nahrung ist. Die Natur hat Mann und Frau geschaffen und die Freuden der Nacht. Für mich ist das ebenso wichtig wie die Entdeckung jener Wahrheit, die man mit Gott bezeichnen mag. Und es ist ebenso wichtig, Gefühl für seinen Nachbarn zu haben, wie die Frau des eigenen Hauses zu lieben. Sexualität ist kein Problem. Ich erfreue mich daran, aber in mir ist eine Furcht vor etwas Unbekanntem, und diese Furcht und diesen Schmerz muß ich verstehen – nicht als ein Problem, das zu lösen ist, sondern vielmehr als etwas, das ich erforschen muß, so daß ich wirklich davon befreit bin. Darum würde ich gerne, wenn Sie Zeit haben, diese Dinge mit Ihnen betrachten.»

Können wir mit dem letzten beginnen und nicht mit dem ersten, weil dann die anderen Probleme vielleicht tiefer verstanden werden können? Dann werden sie vielleicht eine Erfüllung anderer Art geben, als Vergnügen es vermag.

Wünschen Sie in Ihrem Glauben bestärkt zu werden, oder wünschen Sie wirklich die Realität zu sehen – sie nicht zu erfahren, sondern sie tatsächlich zu sehen, mit einem Geist und einem Herzen, die in hohem Maße achtsam und klar sind? Glauben ist eine Sache und Sehen eine andere. Glauben führt zur Finsternis, wie es das Vertrauen tut; er führt Sie zur Kirche, zu den dunklen Tempeln und zu den angenehmen Gefühlen durch die Rituale. Auf diesem Wege gibt es keine Realität, sondern nur Einbildung, die erfinderischen Ausschmückungen, die die Kirche füllen.

Wenn Sie die Furcht verneinen, ist Glaube nicht notwendig, aber wenn Sie am Glauben und am Dogma hängen, dann setzt sich die Furcht durch. Es gibt nicht nur den Glauben an religiöse Vorschriften; er entsteht auch, wenn Sie zu keiner Religion gehören. Sie mögen Ihren eigenen individualistischen, exklusiven Glauben haben, aber er ist nicht das Licht der Klarheit. Das Denken investiert in den Glauben, um sich gegen die Furcht zu schützen, die es selbst hervorgebracht hat. Und dieses Denken ist nicht die Freiheit der Achtsamkeit, in der man die Wahrheit sieht.

Das Unermeßliche kann nicht vom Denken gesucht werden, denn das Denken hat immer einen Maßstab. Das Erhabene liegt nicht innerhalb der Denkstruktur und der Vernunft, noch ist es das Produkt von Gefühl und Empfindung. Die Verneinung des Denkens ist Achtsamkeit; das Verneinen des Denkens ist Liebe. Wenn Sie das Höchste suchen, werden Sie es nicht finden; es mag zu Ihnen kommen, wenn Sie Glück haben – und Glück ist das offene Fenster Ihres Herzens, nicht des Denkens.

«Das ist ziemlich schwer, nicht wahr? Sie fordern von mir, meine ganze Wesensart zu verneinen, das Ich, das ich so sorgfältig genährt und aufrecht erhalten habe. Ich hatte geglaubt, daß die Freude an dem, was Gott genannt werden mag, ewig sei. Es ist meine Sicherheit; darin liegt meine ganze Hoffnung, meine Freude, und nun fordern Sie von mir, das alles beiseite zu tun. Ist das möglich? Und möchte ich es wirklich tun? Ferner, versprechen Sie mir etwas als Belohnung, wenn ich es ganz beiseite tue? Ich weiß natürlich, daß Sie mir nicht wirklich eine Belohnung anbieten, aber kann ich tatsächlich – und nicht nur mit meinen Lippen – das vollkommen beiseite tun, wovon ich immer gelebt habe?»

Wenn Sie versuchen, es vorsätzlich beiseite zu tun, wird daraus Konflikt, Schmerz und endloses Elend entstehen. Aber wenn Sie die Wahrheit dessen einsehen, so wie Sie die Wirklichkeit dieser Lampe sehen, das flakkernde Licht, den Docht und den Messingfuß, dann werden Sie in eine andere Dimension eingetreten sein. In dieser Dimension hat die Liebe keine sozialen Probleme; da gibt es keine intellektuelle, keine Rassen- oder Klassentrennung. Nur der Deklassierte empfindet die Notwendigkeit der Gleichberechtigung. Nur der Höherstehende hat es nötig, seinen Rang, seine Klasse, seine Lebensart zu erhalten. Und der Minderwertige kämpft ständig darum, der Überlegene zu werden, der Unterdrückte kämpft darum, der Unterdrücker zu werden. Nur Gesetze zu machen – obgleich Gesetzgebung notwendig ist –, bewirkt nicht das Ende der Teilung mit ihrer Grausamkeit, noch beendet es die Trennung zwischen der Stellung des Arbeiters und dem gesellschaftlichen Rang. Wir benutzen die Arbeit, um einen höheren Status zu erreichen, und der ganze Zyklus der Ungleichheit beginnt. Die Probleme der Gesellschaft werden nicht durch die Moral beendet, die die Gesellschaft erfunden hat. Liebe hat keine Moral, und Liebe ist nicht Reform. Wenn Liebe zum Vergnügen wird, dann ist der Schmerz unvermeidlich. Liebe ist nicht Denken, und es ist das Denken, das den Genuß verschafft – zum Beispiel den sexuellen Genuß und die Freude an der Erreichung eines Ziels. Der Gedanke mehrt den Genuß des Augenblicks und gibt ihm Fortdauer. Indem man über diesen Genuß nachdenkt, gibt ihm der Gedanke die Kraft für den künftigen Genuß. Dieses Verlangen nach Genuß nennen wir Sex, nicht wahr? Damit verbindet sich sehr viel Zuneigung, Zärtlichkeit, Anteilnahme, Kameradschaft und anderes mehr, aber durch alles hindurch läuft der Unterton von Schmerz und Furcht. Und das Denken macht durch seine Aktivität diesen Faden unzerreißbar.

«Aber Sie können nicht den Genuß aus der Sexualität entfernen; ich lebe von diesem Genuß; ich liebe ihn. Für mich ist er weit wichtiger als Geld, Stellung oder Prestige. Ich sehe auch, daß der Genuß Leid mit sich bringt, aber der Genuß hat das Obergewicht, darum kümmere ich mich nicht darum.»

Wenn dieses Vergnügen, an dem Sie so große Freude haben, aufhört – mit dem Alter, durch Unfall, im Laufe der Zeit –, dann sind Sie ein geschlagener Mann; dann ist das Leid Ihr Schatten. Aber Liebe ist nicht Genuß, noch ist sie das Produkt der Begierde, und darum muß man in eine andere Dimension eintreten. In dieser Dimension sind unsere Probleme gelöst – und zwar alle. Andernfalls – Sie können tun, was Sie wollen – gibt es nur Leid und Verwirrung.

12

Freiheit

Über uns hinweg flogen viele Vögel, einige kreuzten den breiten Strom, und andere, hoch oben am Himmel, zogen große Kreise und bewegten dabei kaum ihre Schwingen. Die hoch oben flogen, waren zumeist Geier, die gegen den Wind kurvten und in der strahlenden Sonne als bloße Flecken erschienen. Auf dem Boden wirkten sie mit ihren nackten Hälsen und weiten, schweren Schwingen plump. Einige von ihnen saßen auf dem Tamarindenbaum, und die Krähen neckten sie. Besonders eine Krähe war hinter einem Geier her und versuchte sich auf ihn zu setzen. Dem Geier wurde es lästig, und er stieg auf; aber die Krähe, die ihn belästigt hatte, kam nun von hinten und setzte sich auf den Rücken des Geiers, während er flog. Es war wirklich ein kurioser Anblick – der Geier mit der schwarzen Krähe obenauf. Die Krähe schien sich dabei köstlich zu amüsieren, und der Geier versuchte sie loszuwerden. Schließlich flog die Krähe über den Fluß davon und verschwand in den Wäldern.

Die Papageien kamen kreischend im Zickzack über den Fluß geflogen und gaben der ganzen Welt ihre Ankunft bekannt. Sie waren hellgrün mit roten Schnäbeln, und mehrere saßen in dem Tamarindenbaum. Im allgemeinen zeigen sie sich am Morgen, begeben sich zum Fluß hinunter und kommen manchmal lärmend zurück, aber meistens bleiben sie den ganzen Tag über weg und kommen erst am späten Nachmittag zurück, nachdem sie Korn von den Feldern gestohlen haben und was sie sonst an Früchten finden konnten. Man sah sie für einige Sekunden zwischen den Tamarindenblättern, und dann verschwanden sie. Man konnte sie zwischen den federigen, grünen Blättern des Baumes nicht so recht verfolgen. Sie hatten ein Loch im Stamm, und dort wohnten sie, Männchen und Weibchen; sie schienen sehr glücklich zu sein und kreischten vor Freude, wenn sie ausflogen.

Am Abend und am frühen Morgen erschien über dem Fluß eine Sonnenbahn – golden am Morgen und silbern am Abend. Kein Wunder, daß die Menschen Flüsse anbeten; es ist besser als das Anbeten von Bildern mit all den Riten und Glaubensvorstellungen. Der Fluß war lebendig, tief und kraftvoll, immer in Bewegung, und die kleinen Tümpel neben dem Ufer stagnierten.

Jeder Mensch isoliert sich in einem kleinen Tümpel und verkümmert; niemals geht er hinein in die volle Strömung des Flusses. Aus irgendeinem Grunde war dieser Fluß, den die Menschen, die weiter oben wohnten, so verschmutzt hatten, in seiner Mitte klar, blaugrün und tief. Es war ein herrlicher Fluß, besonders am frühen Morgen, bevor die Sonne aufging; er war so still, reglos, von der Farbe geschmolzenen Silbers. Und da die Sonne über den Bäumen aufging, wurde er golden und verwandelte sich dann wieder in einen silbernen Pfad, und das Wasser wurde lebendig.

In dem Zimmer, von dem aus man den Fluß überblikken konnte, war es kühl, fast kalt, denn es war ein frühzeitiger Winter. Ein Mann, der mit seiner Frau uns gegenüber saß, war jung, und sie war noch jünger. Wir saßen auf dem Teppich, der auf einem ziemlich kalten, harten Fußboden lag. Sie waren nicht daran interessiert, auf den Fluß zu schauen, und wenn man sie darauf hinwies – auf seine Weite, seine Schönheit und auf die grünen Ufer auf der anderen Seite –, nahmen sie es mit einer höflichen Geste zur Kenntnis. Sie waren ziemlich weit her gekommen, aus dem Norden, mit Bus und Eisenbahn, und waren eifrig darauf bedacht, über die Dinge zu sprechen, die ihnen am Herzen lagen. Auf den Fluß konnten sie später schauen, wenn sie Zeit dafür hatten.

Er sagte: «Ein Mann kann niemals frei sein; er ist gebunden an seine Familie, seine Kinder, an seinen Beruf. Bis zu seinem Tode hat er Verpflichtungen, ausgenommen natürlich, er wird ein Sannyasi, ein Mönch.»

Er hielt es für notwendig frei zu sein, doch hatte er das Gefühl, daß er das in dieser brutalen Welt des Wettbewerbs nicht erreichen könne. Seine Frau hörte ihm mit ziemlich überraschter Miene zu, erfreut darüber, daß ihr Mann ernst sein konnte und sich recht gut in Englisch auszudrücken verstand. Es erweckte in ihr etwas wie Besitzerstolz. Er bemerkte nichts davon, da sie ein wenig hinter ihm saß.

«Kann man jemals frei sein?» fragte er. «Einige politische Schriftsteller und Theoretiker, wie die Kommunisten, sagen, daß Freiheit etwas Bürgerliches, Unerreichbares und Unwirkliches sei, während die demokratische Welt sehr viel über Freiheit spricht. Die Kapitalisten tun es, und natürlich predigt und verspricht es jede Religion, obgleich ihre Priester dafür sorgen, daß der Mensch zu einem Gefangenen ihrer speziellen Glaubenssätze und Ideologien wird, und sie so durch ihre Handlungen verleugnen, was sie versprochen haben. Ich bin gekommen, um herauszufinden, nicht nur intellektuell, ob der Mensch, ob ich in dieser Welt wirklich frei sein kann. Ich habe mich von meinem Job frei gemacht, um hierher zu kommen; für zwei Tage bin ich frei von meiner Arbeit – von der Routine des Büros und dem Leben, das in der kleinen Stadt, in der ich wohne, üblich ist. Wenn ich mehr Geld hätte, wäre ich freier und könnte hingehen wohin ich wollte und könnte tun, was mir liegt, vielleicht malen oder reisen. Aber das ist unmöglich, da mein Einkommen beschränkt ist und ich Verpflichtungen habe; ich bin ein Gefangener meiner Verpflichtungen.»

Seine Frau konnte aus all diesem nicht recht klug werden, aber sie spitzte bei dem Wort «Verpflichtungen» die Ohren; sie hätte wohl gern gewußt, ob er sein Heim zu verlassen wünschte, um den Erdball zu durchwandern.

«Diese Verpflichtungen», fuhr er fort, «hindern mich daran, frei zu sein, äußerlich sowohl wie innerlich. Ich kann wohl verstehen, daß der Mensch nicht völlig frei sein kann von der Welt der Amtsstuben, des Marktes, des Büros und so fort, und dort suche ich auch keine Freiheit. Ich bin gekommen, um herauszufinden, ob es überhaupt möglich ist, innerlich frei zu sein.»

Die Tauben auf der Veranda gurrten, flatterten umher, die Papageien kreischten vor dem Fenster, und ihre hellen grünen Flügel glänzten im Sonnenschein.

Was ist Freiheit? Ist es eine Idee oder ein Gefühl, das der Gedanke erzeugt, weil er durch eine Kette von Problemen, Ängsten usw. gefesselt ist? Ist Freiheit ein Resultat, eine Belohnung, etwas, das am Ende eines Prozesses liegt? Ist es Freiheit, wenn man sich vom Ärger befreit? Oder bedeutet frei zu sein, das tun zu können, was man zu tun wünscht? Ist es Freiheit, wenn man Verantwortlichkeit als eine Last empfindet und sie beiseite stößt? Ist es Freiheit, wenn man Widerstand leistet oder sich anpaßt? Kann das Denken diese Freiheit geben, kann irgend eine Handlung sie geben?

«Ich fürchte, Sie müssen ein wenig langsamer vorangehen.»

Ist Freiheit das Gegenteil von Sklaverei? Ist es Freiheit, wenn Sie sich in einem Gefängnis befinden und darum wissen, sich all der damit verbundenen Beschränkungen bewußt sind und sich Freiheit vorstellen? Kann die Einbildungskraft jemals Freiheit geben, oder ist es ein Phantasiegebilde des Denkens? Was wir tatsächlich als nackte Tatsache wissen, ist, daß wir gefesselt sind – nicht nur an äußere Dinge, an das Haus, an die Familie, an den Beruf –, sondern auch innerlich, an Traditionen, an Gewohnheiten, an die Lust zu herrschen und zu besitzen, an die Angst, an den Erfolg und an so vieles andere. Wenn der Erfolg großen Genuß mit sich bringt, spricht man niemals über die Freiheit, noch denkt man darüber nach. Wir sprechen über die Freiheit nur, wenn wir unglücklich sind. Wir sind an all diese Dinge gebunden, innerlich sowohl wie äußerlich, und diese Fesselung ist das, was ist. Und den Widerstand gegen das, was ist, nennen wir Freiheit. Man leistet Widerstand oder flieht vor dem, was ist, oder versucht es zu unterdrücken und hofft dadurch, zu irgend einer Art von Freiheit zu gelangen. Innerlich kennen wir nur zwei Dinge: Gefangenschaft und Widerstand; und Widerstand erzeugt die Fessel.

«Es tut mir leid, ich verstehe überhaupt nichts.»

Wenn Sie dem Ärger oder dem Haß Widerstand entgegensetzen, was ist dann tatsächlich geschehen? Sie errichten eine Mauer gegen den Haß, aber er bleibt; die Mauer verbirgt ihn lediglich vor Ihnen. Oder Sie fassen den Entschluß, nicht ärgerlich zu sein, aber diese Entscheidung ist Teil des Ärgers, und eben dieser Widerstand verstärkt den Ärger. Sie können das bei sich feststellen, wenn Sie diese Tatsache beobachten. Wenn Sie Widerstand leisten, kontrollieren, unterdrücken oder versuchen, darüber hinauszugelangen – was alles dasselbe ist, denn es sind alles Willenshandlungen –, dann haben Sie die Mauer des Widerstandes verstärkt, und dadurch werden Sie immer mehr versklavt, eingeengt, immer kleinlicher. Von dieser Kleinlichkeit, dieser Enge, möchten Sie frei sein, und dieser Wunsch ist die Reaktion, die eine andere Barriere schafft und die Kleinlichkeit verstärkt. So bewegen wir uns von einem Widerstand, einer Barriere zur anderen und geben dabei manchmal der Mauer des Widerstandes einen anderen Anstrich, eine andere Bewertung oder eine edle Bezeichnung. Aber Widerstand ist Fessel, und Fessel ist Leid.

«Bedeutet das nach außen hin, daß man sich von jedermann nach dessen Belieben schikanieren lassen sollte, und daß man innerlich seinem Ärger etc. freien Lauf lassen sollte?»

Es scheint, daß Sie dem, was gesagt wurde, nicht zugehört haben. Wenn es sich um ein Vergnügen handelt, wenn Sie eine Freude empfinden, haben Sie nichts dagegen einzuwenden, wenn aber Schmerz damit verbunden ist, dann widersetzen Sie sich. Sie möchten vom Schmerz frei sein und doch am Vergnügen festhalten. Das Festhalten am Vergnügen ist der Widerstand.

Es ist natürlich, zu reagieren; wenn Sie körperlich auf einen Nadelstich nicht reagieren, bedeutet es, daß Sie abgestumpft sind. Auch wenn Sie innerlich nicht reagieren, ist etwas falsch. Aber die Art, in der Sie reagieren, ist wichtig, nicht die Reaktion an sich. Wenn Ihnen jemand schmeichelt, reagieren Sie; und Sie reagieren gleichfalls, wenn jemand Sie beleidigt. Beides sind Reaktionen – die eine ist angenehm, die andere ist schmerzlich. Die eine bewahren Sie, und der anderen schenken Sie keine Beachtung, oder Sie wollen sich dafür rächen. Aber beides sind Widerstände; sowohl das Bewahren wie das Verwerfen sind Formen des Widerstandes, und Freiheit ist nicht Widerstand.

«Ist es für mich möglich zu reagieren, ohne den Widerstand aus Lust oder Leid?»

Wie denken *Sie* darüber? Was fühlen *Sie?* Stellen Sie mir die Frage oder sich selbst? Wenn diese Frage von einem Außenstehenden, durch eine äußere Vermittlung für Sie beantwortet wird, dann verlassen Sie sich darauf, dann wird diese Stütze zur Autorität, die ein Widerstand ist. Dann wiederum wünschen Sie von *dieser* Autorität frei zu sein! Wie können Sie also einem anderen diese Frage stellen?

«Sie könnten es mir klarmachen, und wenn ich es dann erkenne, hat das nichts mit Autorität zu tun, nicht wahr?»

Aber wir haben Sie darauf hingewiesen, was tatsächlich *ist.* Erkennen Sie, was tatsächlich ist, ohne darauf mit einem angenehmen oder unangenehmen Gefühl zu antworten. Freiheit ist Sehen. Sehen ist Freiheit. Sie können nur erkennen, wenn Sie frei sind.

«Dieses Sehen mag ein Akt der Freiheit sein, aber welche Wirkung hat es auf meine Bindung, die ja das Gegebene ist, die das Gesehene ist?»

Wenn Sie sagen, daß das Sehen ein Akt der Freiheit *sein mag,* ist das eine Mutmaßung, und so ist Ihr Sehen auch eine Mutmaßung. Dann erkennen Sie nicht wirklich, was ist.

«Das verstehe ich nicht. Ich sehe, wie meine Schwiegermutter mich schikaniert; wird sie damit aufhören, weil ich es sehe?»

Sehen Sie, was Ihre Schwiegermutter tut, und sehen Sie Ihre Reaktionen, ohne weitere Lust- und Unlustgefühle zu empfinden. Sehen Sie es in Freiheit. Sie mögen dann das, was sie sagt, vollkommen ignorieren, oder Sie gehen davon. Aber das Davongehen oder ihre Nichtbeachtung ist dann kein Widerstand. Das wertungsfreie Gewahrsein ist Freiheit. Die Handlung aus dieser Freiheit kann nicht vorausgesagt, systematisiert oder in den Rahmen gesellschaftlicher Moral gestellt werden. Dieses urteilsfreie Gewahrsein ist unpolitisch, es gehört zu keinem «Ism», es ist nicht das Produkt des Denkens.

13

Gott

«Ich möchte Gott erfahren», sagte er mit Leidenschaft; er schrie es fast. Die Geier saßen auf dem üblichen Baum, der Zug ratterte über die Brücke, und der Fluß strömte dahin – hier war er sehr breit, sehr ruhig und sehr tief. An diesem frühen Morgen konnte man das Wasser aus einiger Entfernung riechen; von der hohen Uferböschung aus mit der Aussicht über den Fluß konnte man es in der Morgenluft riechen – seine Frische, seine Sauberkeit; der Tag hatte es noch nicht verdorben. Die Papageien kreischten vor dem Fenster, flogen auf die Felder, und später würden sie zu dem Tamarindenbaum zurückkehren. Die Krähen, etwa ein Dutzend, überflogen in großer Höhe den Fluß, und sie würden sich auf den Bäumen und inmitten der Felder jenseits des Flusses niederlassen. Es war ein klarer Wintermorgen, kalt, aber strahlend, und es gab keine Wolke am Himmel. Das Licht der frühen Morgensonne auf dem Fluß zu betrachten war Meditation. Dieses Licht war Teil der Meditation, wenn man an dem ruhigen Morgen auf das funkelnde, tanzende Wasser blickte – nicht mit Gedanken, die daraus etwas Bedeutungsvolles machten, sondern mit Augen, die das Licht sahen und sonst nichts.

Licht, gleich dem Klang, ist etwas Ungewöhnliches. Da ist das Licht, das die Maler auf die Leinwand zu bannen versuchen; da ist das Licht, das die Kameras einfangen; da ist das Licht einer einzelnen Lampe in einer dunklen Nacht oder das Licht auf dem Antlitz eines anderen Menschen, das Licht, das hinter den Augen liegt. Das Licht, das die Augen wahrnehmen, ist nicht das Licht auf dem Wasser; dieses Licht ist ein so besonderes, ist so gewaltig, daß es nicht in das enge Feld des Auges einströmen kann. Dieses Licht, gleich dem Klang, bewegte sich unaufhörlich – außen und innen – gleich den Gezeiten des Meeres. Und wenn du dich sehr still verhieltest, gingest du mit ihm, nicht in der Einbildung oder mit den Sinnen – du würdest mitgehen, ohne darum zu wissen, ohne Zeitempfinden.

Die Schönheit dieses Lichtes kann wie die Liebe nicht berührt, nicht in Worte gefaßt werden. Aber es war da – im Schatten, im Freien, im Haus, am Fenster auf der anderen Seite des Weges und im Lachen der Kinder. Ohne dieses Licht ist alles, was man sieht, von so geringer Bedeutung, denn dieses Licht ist alles; und das Licht der Meditation lag auf dem Wasser. Es würde am Abend und während der Nacht da sein und auch, wenn die Sonne über den Bäumen aufging und den Fluß vergoldete. Meditation ist jenes Licht im Geiste, das den Weg für unser Tun erhellt; und ohne dieses Licht gibt es keine Liebe.

Er war ein kräftiger Mann, gut rasiert, und sein Kopf war gleichfalls rasiert. Wir saßen auf dem Fußboden in dem kleinen Raum, von dem aus man den Fluß überblickte. Der Boden war kalt, denn es war Winter. Er hatte die Würde eines Menschen, der wenig besitzt und der sich nicht viel daraus macht, was die Leute sagen.

«Ich möchte Gott kennen lernen. Ich weiß, daß es heutzutage nicht modern ist. Die Studenten, die kommende Generation mit ihren Revolten, mit ihren politischen Unternehmungen, mit ihren vernünftigen und unvernünftigen Forderungen spotten über alles Religiöse. Und sie haben damit ganz recht, denn sehen Sie doch, was die Priester damit gemacht haben! Natürlich wünscht die jüngere Generation nichts von alledem. Für sie ist alles, wofür sich die Tempel und Kirchen einsetzen, eine

Ausbeutung des Menschen. Sie mißtrauen völlig der hierarchischen, priesterlichen Anschauung – mit den Erlösern, den Zeremonien und diesem ganzen Unsinn. Ich stimme mit ihnen überein. Ich habe einigen von ihnen geholfen, gegen das alles zu revoltieren. Aber ich möchte dennoch um Gott wissen. Ich bin Kommunist gewesen, aber ich verließ die Partei schon vor langem, denn die Kommunisten haben auch ihre Götter, ihre Dogmen und ihre theoretischen Spekulationen. Ich war wirklich ein begeisterter Kommunist, denn zu Anfang versprachen sie etwas – eine große, eine wirkliche Revolution. Aber jetzt haben sie all die Dinge, die auch die Kapitalisten haben; sie sind den Weg der Welt gegangen. Ich habe in sozialer Reform herumgestümpert und bin in der Politik aktiv gewesen, aber ich habe das alles hinter mir gelassen, weil ich nicht glaube, daß der Mensch je durch Wissenschaft und Technologie von seiner Verzweiflung und seiner Angst frei sein wird. Vielleicht gibt es nur einen Weg. Ich bin in keiner Weise abergläubisch, und ich glaube nicht, daß ich Lebensangst habe. Ich bin durch das alles hindurchgegangen und, wie Sie sehen, habe ich noch viele Jahre vor mir. Ich möchte wissen, was Gott ist. Ich habe einige Wandermönche befragt und jene, die ständig behaupten, Gott *ist*, man müsse nur hinschauen, und diejenigen, die geheimnisvoll werden und irgendeine Methode anbieten. Ich hüte mich vor all diesen Fallen. Hier bin ich also, denn ich fühle, daß ich herausfinden muß.»

Wir saßen eine Weile schweigend da. Die Papageien flogen kreischend am Fenster vorbei, und das Licht lag auf ihren hellen grünen Flügeln und ihren roten Schnäbeln.

Glauben Sie, daß Sie herausfinden können? Glauben Sie, daß Sie durch Suchen dazu kommen werden? Glauben Sie, daß Sie es erfahren können? Glauben Sie, daß Ihr geistiges Volumen fähig ist, zu dem Unermeßlichen zu gelangen? Wie werden Sie es herausfinden? Wie wollen Sie es wissen? Wie wollen Sie fähig sein, es zu erkennen?

«Ich weiß es wirklich nicht», antwortete er. «Aber ich werde es wissen, wenn es das Reale ist.»

Sie meinen, daß Sie es durch Ihren Geist, durch Ihr Herz, durch Ihre Intelligenz wissen werden?

«Nein. Das Wissen ist von keinem dieser Dinge abhängig. Ich kenne die Gefahren der Sinne sehr wohl. Ich bin mir bewußt, wie leicht Illusionen erzeugt werden.»

Zu wissen bedeutet zu erfahren, nicht wahr? Zu erfahren heißt zu erkennen, und Erkennen ist Erinnerung und Assoziation. Wenn das, was Sie mit «Wissen» bezeichnen, das Resultat eines früheren Ereignisses, einer Erinnerung ist, einer Sache, die früher geschehen ist, dann ist es das Wissen von dem Geschehenen. Können Sie wissen, was *jetzt* geschieht, was im gegenwärtigen Augenblick vor sich geht? Oder können Sie es nur einen Augenblick danach wissen, wenn es vorüber ist? Was gegenwärtig geschieht, liegt außerhalb der Zeit; Wissen ist immer in der Zeit. Sie schauen mit den Augen der Zeit auf das Geschehen, benennen es, übersetzen es und registrieren es. Das versteht man unter Wissen – Wissen durch Analyse und durch augenblickliches Wiedererkennen. In diesen Bereich des Wissens wünschen Sie das hineinzubringen, was auf der anderen Seite des Hügels oder hinter jenem Baum liegt. Und Sie bestehen darauf, daß Sie wissen müssen, daß Sie es erfahren und daran festhalten müssen. Können Sie diese brausenden Fluten in Ihrem Gedächtnis oder in Ihrer Hand festhalten? Was Sie halten, ist das Wort, und was Ihre Augen gesehen haben, ist dieses Sehen, in Worte gekleidet, und die Erinnerung an jene Worte. Aber die Erinnerung ist nicht das Wasser – und wird es niemals sein.

«Nun gut», sagte er, «wie soll ich dann dahin gelangen? In meinem langen und studienreichen Leben habe ich gefunden, daß nichts den Menschen retten wird – keine Institution, keine soziale Norm, nichts –, darum habe ich mit dem Lesen aufgehört. Aber der Mensch muß gerettet werden, er muß da irgendwie herauskommen, und mein dringendes Verlangen, Gott zu finden, ist der Schrei aus einer großen Sorge um den Menschen. Diese Gewalt, die sich ausbreitet, verzehrt den Menschen. Ich kenne die ganzen Argumente dafür und dagegen. Einst hatte ich Hoffnung, aber jetzt bin ich jeder Hoffnung beraubt. Ich weiß wirklich nicht mehr weiter. Ich stelle diese Frage nicht aus Verzweiflung, oder um die Hoffnung wiederzuerlangen. Ich kann einfach kein Licht sehen. So bin ich gekommen, um diese eine Frage zu stellen: Können Sie mir helfen, die Realität zu enthüllen – wenn es eine Realität gibt?»

Wieder schwiegen wir einige Zeit. Und das Gurren der Tauben war im Raum zu hören.

«Ich erkenne, was Sie meinen. Ich habe nie zuvor so völlig geschwiegen. Die Frage ist da, außerhalb dieses Schweigens, und wenn ich aus diesem Schweigen heraus auf die Frage schaue, verschwindet sie. So meinen Sie, daß nur in diesem Schweigen, in diesem vollkommenen und unvorbereiteten Schweigen das Unermeßliche ist?»

Ein anderer Zug ratterte über die Brücke.

Das lädt die ganze Narrheit und Hysterie des Mystizismus ein – ein unbestimmtes, unverständliches Gefühl, das Illusion erzeugt. Nein, mein Herr, das ist es nicht, was wir meinen. Es ist harte Arbeit, alle Illusionen beiseite zu tun – die politischen, die religiösen, die Zukunftsillusionen. Wir entdecken niemals selbst irgend etwas. Wir glauben, daß wir es tun, und das ist eine der größten Illusionen des Denkens. Es ist harte Arbeit, diese Unordnung klar zu durchschauen, diese Sinnlosigkeit, in die sich der Mensch verwoben hat. Sie brauchen einen sehr, sehr gesunden Geist, um zu sehen und frei zu sein. Diese beiden, das Sehen und die Freiheit, sind absolut notwendig. Freiheit von dem Drang zu sehen, Freiheit von der Hoffnung, die der Mensch immer auf die Wissenschaft, die Technologie und die religiösen Entdeckungen setzt. Diese Hoffnung erzeugt Illusion. Das zu sehen ist Freiheit, und wenn Freiheit da ist, bitten Sie nicht darum. Dann ist der Geist selbst zu dem Unermeßlichen geworden.

14

Disziplin

ER WAR EIN ALTER MÖNCH, von vielen Tausenden verehrt. Er war körperlich in guter Verfassung, sein Kopf war rasiert, und er hatte das übliche safrangefärbte Sannyasi-Gewand an. Er trug einen kräftigen Stock, der viele Jahreszeiten hatte kommen und gehen sehen, und ein Paar Strandschuhe, die ziemlich abgetragen waren. Wir saßen hoch oben auf einer Böschung, von der aus man den Fluß überblicken konnte, mit der Eisenbahnbrücke zu unserer Rechten und dem Fluß, der sich in einer großen Kurve abwärts wand, zu unserer Linken. Die andere Seite des Ufers lag an diesem Morgen in tiefem Nebel, und man konnte gerade die Wipfel der Bäume sehen. Es schien, als ob sie auf dem ausgedehnten Strom dahintrieben. Es wehte kein Lüftchen, und die Schwalben flogen niedrig, nahe dem Uferrand. Dieser Fluß war sehr alt und heilig, und die Menschen kamen von weit her, um an seinen Ufern zu sterben und dort verbrannt zu werden. Er wurde angebetet, in Gesängen gelobpreist und für sehr heilig gehalten. Schmutz jeder Art wurde hineingeworfen; die Menschen badeten darin, tranken das Wasser, wuschen ihre Kleider darin. Man sah meditierende Menschen an den Ufern, mit geschlossenen Augen, sehr aufrecht und still sitzend. Es war ein Strom, der im Überfluß gab, aber die Menschen verschmutzten ihn. Während der Regenzeit würde er von zwanzig auf dreißig Fuß ansteigen, den ganzen Schmutz hinwegtragen und das Land mit Schlick bedecken, der den Bauern an seinen Ufern Nahrung gab. Er kam in großen Kurven herunter, und manchmal konnte man ganze Bäume vorübertreiben sehen, entwurzelt durch die starke Strömung. Man konnte auch tote Tiere sehen, auf denen sich Geier und Krähen niedergelassen hatten, die miteinander kämpften, und gelegentlich auch einen Arm oder ein Bein oder den ganzen Körper eines Menschen.

An diesem Morgen war der Fluß lieblich, keine Kräuselung war darauf zu sehen. Das andere Ufer schien weit entfernt. Die Sonne war vor mehreren Stunden aufgegangen, doch der Nebel war noch nicht verschwunden, und der Fluß strömte gleich einem mysteriösen Wesen dahin. Der Mönch war mit diesem Fluß sehr vertraut; er hatte viele Jahre an seinen Ufern zugebracht, umgeben von seinen Schülern, und für ihn war es beinahe selbstverständlich, daß der Fluß immer da sein würde, daß er so lange leben würde wie es Menschen gäbe. Er hatte sich an ihn gewöhnt, und das war sehr schade. Nun schaute er auf den Fluß mit Augen, die ihn viele tausend Mal gesehen hatten. Man gewöhnt sich an die Schönheit und an das Häßliche, und die Frische des Tages ist dahin.

«Warum sind Sie», fragte er mit ziemlich autoritärer Stimme, «gegen Moralität, gegen die Schriften, die wir für heilig halten? Wahrscheinlich sind Sie durch den Westen verdorben worden, wo Freiheit Zügellosigkeit ist, und wo die Menschen mit Ausnahme weniger nicht einmal wissen, was wirkliche Disziplin bedeutet. Offensichtlich haben Sie keines unserer heiligen Bücher gelesen. Ich war neulich morgens hier, als Sie sprachen, und ich war über das, was Sie über die Götter, die Priester, die Heiligen und die Gurus sagten, ziemlich entsetzt. Wie kann der Mensch ohne diese leben? Wenn er es tut, wird er materialistisch, weltlich, äußerst brutal. Sie scheinen das ganze Wissen abzulehnen, das wir für äußerst heilig halten. Warum? Ich weiß, daß Sie es ernst meinen. Wir sind Ihnen viele Jahre aus der Ferne gefolgt. Wir haben Sie als einen Bruder betrachtet. Wir glaubten, daß Sie zu uns gehören. Aber seitdem Sie all diese Dinge abgelehnt haben, sind wir zu Fremden geworden, und es ist jammerschade, daß wir auf verschiedenen Wegen wandeln.»

Was ist heilig? Ist das Bild im Tempel, das Symbol, das Wort heilig? Worin liegt Heiligkeit? In jenem Baum oder in dieser Bauersfrau, die diese schwere Last trägt? Sie verlegen Heiligkeit in Dinge, die Sie für heilig, wertvoll, bedeutungsvoll halten, nicht wahr? Aber welchen Wert hat das Bild, von der Hand oder dem Geist gestaltet? Diese Frau, dieser Baum, dieser Vogel, die lebendigen Dinge scheinen für Sie nur eine beiläufige Bedeutung zu haben. Sie teilen das Leben in das Heilige und das Nichtheilige ein, in das, was unmoralisch und in das, was moralisch ist. Diese Einteilung erzeugt Elend und Gewalt. Entweder ist alles heilig, oder nichts ist heilig. Entweder hat das, was Sie sagen – Ihre Worte, Ihre Gedanken, Ihre Gesänge – ernsthaften Charakter, oder die Menschen sollen dadurch nur zu einer gewissen Verzükkung verführt werden, die zur Illusion wird und daher überhaupt nicht ernst zu nehmen ist. Es *gibt* etwas Heiliges, aber es liegt nicht im Wort, nicht im Standbild, nicht im Leitbild, das der Gedanke aufgebaut hat.

Er schaute ziemlich verwirrt aus und war durchaus nicht sicher, wohin das führen sollte, darum unterbrach er: «Wir diskutieren jetzt nicht darüber, was heilig ist und was nicht, sondern man möchte gerne wissen, warum Sie die Disziplin herabsetzen.»

Disziplin, wie sie allgemein verstanden wird, ist Anpassung an eine Norm törichter politischer, sozialer oder religiöser Sanktionen. Diese Anpassung schließt doch Nachahmung und Unterdrückung ein oder übersteigt in irgend einer Form den tatsächlichen Zustand, nicht wahr? In dieser Disziplin gibt es offensichtlich einen ständigen Kampf, einen Konflikt, der den Geist verzerrt. Man paßt sich wegen einer versprochenen oder erhofften Belohnung an. Man diszipliniert sich, um etwas zu erlangen. Um etwas zu erreichen, gehorcht man und unterwirft sich, und die Schablone – sei es die kommunistische, die religiöse oder unsere eigene – wird zur Autorität. Darin liegt überhaupt keine Freiheit. Disziplin bedeutet zu lernen; und Lernen verneint jede Autorität und jeden Gehorsam. Das alles zu sehen, ist kein analytischer Prozeß. Die Verwicklungen zu sehen, die mit der ganzen Struktur der Disziplin verbunden sind, ist selbst Disziplin, durch die man alles über diese Struktur kennen lernt. Das Lernen besteht nicht darin, Informationen zu sammeln, sondern die Struktur und die Natur der Disziplin augenblicklich zu sehen. Das ist wahre Disziplin, weil man lernt und sich nicht anpaßt. Zum Lernen gehört Freiheit.

«Besagt das», fragte er, «daß man tun kann, was man will, daß Sie die Autorität des Staates mißachten?»

Natürlich nicht! Selbstverständlich müssen Sie die Vorschrift des Staates oder des Polizisten akzeptieren, bis solch ein Gesetz geändert wird. Sie müssen auf der einen Straßenseite fahren und dürfen es nicht nach Ihrem Belieben tun, denn da sind auch andere Autos, und darum muß man sich der Verkehrsordnung fügen. Wenn man genau das täte, was man gerne möchte – was wir heimlich irgendwie tun –, würde äußerstes Chaos herrschen; und genau das ist der Fall. Der Geschäftsmann, der Politiker und fast jeder Mensch verfolgt unter dem Deckmantel der Ehrbarkeit seine eigenen heimlichen Wünsche und Gelüste, und das erzeugt das Chaos in der Welt. Wir möchten das durch oberflächliche Gesetze, Sanktionen und so weiter verdecken. Das ist keine Freiheit. In der ganzen Welt gibt es Leute, die heilige Bücher haben, moderne oder alte. Sie repetieren daraus, machen Poesie daraus und zitieren sie endlos, aber in ihrem Herzen sind sie gewalttätig, gierig und auf der Suche nach Macht. Kommt es auf diese sogenannten heiligen Bücher überhaupt an? Sie haben keine wirkliche Bedeutung. Von Bedeutung ist allein die äußerste Selbstsucht des Menschen, seine ständige Gewalttätigkeit, sein Haß und seine Feindschaft – nicht die Bücher, die Tempel, die Kirchen, die Moscheen.

Unter seiner Robe ist der Mönch verängstigt. Er hat seine persönlichen Gelüste, er ist voll brennender Wünsche, und die Robe ist nur eine Flucht vor dieser Tatsache. Über diese Qualen des Menschen gehen wir hinweg und verbringen unsere Zeit damit, darüber zu streiten, welche Bücher heiliger sind als andere, und das ist äußerst unreif.

«Dann müssen Sie auch die Tradition verneinen ... tun Sie das?»

Die Vergangenheit in die Gegenwart zu übertragen, die fließende Gegenwart in Begriffe der Vergangenheit zu übersetzen, zerstört die lebendige Schönheit der Gegenwart. Dieses Land und beinahe jedes Land ist mit Tradition belastet, eingewurzelt in Gebetsstätten und in der Dorfhütte. Es gibt in der Tradition nichts Heiliges, so alt oder so modern sie sein mag. Das Gehirn trägt die Erinnerung an gestern in sich – und das ist Tradition –, und es fürchtet sich davor, sie aufzugeben, weil es dem Neuen nicht ins Auge zu sehen wagt. Tradition wird unsere Sicherheit, und wenn der Mensch sicher ist, gerät er in Verfall. Man muß die Reise unbelastet, frisch, ohne jede Anstrengung antreten, niemals an irgendeinem Schrein, einem Monument, oder vor einem Helden, einem sozialen oder religiösen, Halt machen – nur erfüllt von Schönheit und Liebe.

«Aber wir Mönche sind immer allein, nicht wahr?» fragte er. «Ich habe der Welt entsagt und das Gelübde der Armut und Keuschheit auf mich genommen.»

Sie sind nicht allein, denn dieses Gelübde bindet Sie – wie es auch den Menschen bindet, der ein Gelübde auf sich nimmt, wenn er sich verheiratet. Um es klarer auszudrücken: Sie sind nicht allein, weil Sie ein Hindu sind, wie Sie ebensowenig allein sein würden, wenn Sie ein Buddhist oder ein Moslem oder ein Christ oder ein Kommunist wären. Sie haben sich gebunden, und wie kann ein Mensch allein sein, wenn er gebunden ist, wenn er sich irgend einer Ideenvorstellung überlassen hat, die ihre eigene Aktivität mit sich bringt? Das Wort «allein» bedeutet, was es sagt – unbeeinflußt, unschuldig, frei und unversehrt, nicht zerbrochen. Wenn Sie allein sind, mögen Sie in dieser Welt leben, aber Sie werden immer ein Außenstehender sein. Nur im Alleinsein ist vollkommene Handlung und Kooperation möglich. Denn Liebe ist immer vollkommen.

15

Liebe und Sexualität

An diesem Morgen war der Fluß wie mattiertes Silber, denn es war wolkig und kalt. Die Blätter waren mit Staub bedeckt, und überall lag eine dünne Schicht davon, im Zimmer, auf der Veranda und auf dem Stuhl. Es wurde kälter; in den Himalayas mußte es stark geschneit haben; man konnte den beißenden Wind aus dem Norden verspüren; selbst die Vögel nahmen ihn wahr. Aber der Fluß hatte an diesem Morgen ein seltsames Eigenleben; er schien vom Wind nicht bewegt zu werden, er erschien fast regungslos und hatte jene zeitlose Beschaffenheit, die allen Wassern eigen zu sein scheint. Wie schön er war! Kein Wunder, daß die Menschen ihn zu einem heiligen Fluß gemacht haben. Man konnte dort auf der Veranda sitzen und ihn ohne Unterlaß meditativ anschauen. Es war kein Träumen in den Tag hinein; die Gedanken liefen in keine bestimmte Richtung – sie waren einfach abwesend.

Und da man das Licht auf dem Flusse betrachtete, schien man sich irgendwie zu verlieren, und wenn man die Augen schloß, drang man in eine Leere vor, die voll des Segens war. Das war Glückseligkeit.

Er kam an diesem Morgen wieder, begleitet von einem jungen Mann. Er war jener Mönch, der über Disziplin, heilige Bücher und die Autorität der Tradition gesprochen hatte. Sein Gesicht war frisch gewaschen und ebenso sein Gewand. Der junge Mann schien ziemlich nervös. Er war mit dem Mönch gekommen, der wahrscheinlich sein Guru war, und wartete darauf, daß dieser als erster sprach. Er schaute auf den Fluß, dachte aber an andere Dinge. Der Sannyasi sagte sogleich:

«Ich bin wiedergekommen, aber dieses Mal, um über Liebe und Sinnlichkeit zu sprechen. Wir, die wir unter dem Gelübde der Keuschheit stehen, haben unsere sinnlichen Probleme. Das Gelübde ist nur ein Mittel, unseren unkontrollierbaren Begierden zu widerstehen. Ich bin jetzt ein alter Mann, und diese Wünsche quälen mich nicht mehr. Bevor ich die Gelübde auf mich nahm, war ich verheiratet. Meine Frau starb, und ich verließ mein Heim und durchlebte eine qualvolle Zeit unerträglicher biologischer Bedrängungen; ich bekämpfte sie Tag und Nacht. Es war eine äußerst schwierige Zeit, voller Einsamkeit, Frustration, der Angst vor dem Wahnsinn und neurotischen Ausbrüchen. Selbst jetzt wage ich es nicht, zu viel daran zu denken. Und dieser junge Mann ist mit mir gekommen, weil ich glaube, daß er durch dieselbe Schwierigkeit geht. Er wünscht die Welt aufzugeben und das Gelübde der Armut und Keuschheit auf sich zu nehmen, wie ich es tat. Ich habe wochenlang mit ihm gesprochen, und ich dachte, es könnte lohnenswert sein, wenn wir beide über dieses Problem mit Ihnen sprechen – über das Problem der Sexualität und der Liebe. Ich hoffe, Sie haben nichts dagegen, wenn wir ganz offen sprechen.»

Wenn wir uns jetzt mit dieser Frage beschäftigen, möchte ich zunächst vorschlagen, daß wir mit der Prüfung nicht von einem Standort oder einer Haltung oder einem Prinzip aus beginnen, denn das wird Sie am Erforschen verhindern. Wenn Sie gegen Sexualität sind, oder wenn Sie darauf bestehen, daß sie für das Leben notwendig ist, daß sie ein Teil des Lebens ist, dann wird eine jede solcher Behauptungen eine wirkliche Erkenntnis verhindern. Wir sollten jede gedankliche Festlegung beiseite tun und werden so unbehindert sein, zu schauen, zu prüfen.

Einige Regentropfen fielen jetzt, und die Vögel waren still geworden. Dann aber begann es heftig zu regnen, und die Blätter würden wieder frisch und grün sein, voller Glanz und Farbe. Der Duft des Regens erfüllte die Luft, und die seltsame Stille, die einem Sturm vorangeht, lag über dem Land.

So haben wir zwei Probleme – Liebe und Sexualität. Das eine ist eine abstrakte Idee, das andere ein tatsächlicher, täglicher biologischer Drang – eine Tatsache, die existiert und nicht abgeleugnet werden kann. Wir wollen zunächst herausfinden, was Liebe ist, nicht als eine abstrakte Idee, sondern was sie tatsächlich ist. Was ist sie? Ist sie nur ein sinnliches Entzücken, vom Denken als Vergnügen kultiviert, die Erinnerung an ein Erlebnis, das großes Entzücken oder sexuelle Freude geschenkt hat? Ist es die Schönheit eines Sonnenunterganges oder das zarte Blatt, das Sie berühren oder sehen, oder der Duft der Blume, den Sie riechen? Ist Liebe Vergnügen oder Begehren? Oder ist sie nichts davon? Kann Liebe in die heilige und die profane gespalten werden? Oder ist sie etwas Unteilbares, Ganzes, das durch den Gedanken nicht zerbrochen werden kann? Existiert sie ohne ein Objekt? Oder entsteht sie nur durch das Objekt? Entsteht diese Liebe in Ihnen, weil Sie das Antlitz einer Frau sehen? Dann ist Liebe nur Sinnesempfindung, Begehren, Vergnügen, dem das Denken Fortdauer gibt. Oder ist Liebe ein Zustand in Ihnen, der auf Schönheit mit Zartheit reagiert? Ist Liebe etwas, das durch das Denken kultiviert wird, so daß das Objekt wichtig wird, oder hat sie mit Denken überhaupt nichts zu tun und ist daher unabhängig und frei? Ohne das Wort Liebe zu verstehen und die Bedeutung, die dahinter liegt, werden wir durch die Sexualität gequält oder neurotisch, oder sie versklavt uns.

Liebe kann nicht durch das Denken zerstückelt werden. Wenn das Denken sie in Fragmente zerbricht – in persönlich, unpersönlich, sinnlich, spirituell, mein Land und Dein Land, mein Gott und Dein Gott –, dann ist es nicht länger Liebe, dann ist es etwas ganz anderes – ein Produkt der Erinnerung, der Propaganda, der Bequemlichkeit, des Behagens, und so fort.

Ist Sexualität das Produkt des Denkens? Ist Sex mitsamt dem Genuß, dem Entzücken, der Kameradschaft, der Zärtlichkeit eine Erinnerung, die durch das Denken verstärkt wird? Im sexuellen Akt liegt Selbstvergessenheit, Selbstpreisgabe, ein Gefühl, daß Furcht, Angst und die Plackereien des Lebens nicht existieren. In der Erinnerung an diesen Zustand der Zärtlichkeit und Selbstvergessenheit und in dem Verlangen nach seiner Wiederholung grübeln Sie bis zur nächsten Gelegenheit darüber nach. Ist das Zärtlichkeit, oder ist es bloß eine Erinnerung an etwas, das vorbei ist, und das Sie durch Wiederholung nochmals zu gewinnen hoffen? Ist nicht eine Wiederholung, wie angenehm auch immer, ein zerstörender Prozeß?

Der junge Mann faßte sich plötzlich und antwortete: «Sexualität ist ein biologischer Drang, wie Sie selbst gesagt haben, und wenn das zerstörerisch ist, ist es dann das Essen nicht auch, weil das gleichfalls ein biologischer Trieb ist?»

Wenn man ißt, wenn man hungrig ist – das ist in Ordnung. Wenn man hungrig ist, und der Gedanke sagt: «Ich muß eine Kostprobe von diesem oder jenem Essen haben» – dann ist das ein Denkvorgang, und das ist die verderbliche Wiederholung.

«Wie wollen Sie in der Sexualität wissen, was biologischer Drang ist gleich dem Hunger und was ein psychologisches Verlangen ist gleich der Gier?» fragte der junge Mann.

Warum trennen Sie den biologischen Drang und das psychologische Verlangen? Und da ist noch eine andere Frage, eine gänzlich andere Frage: Warum trennen Sie Sexualität vom Anblick der Schönheit eines Berges oder der Lieblichkeit einer Blume? Warum geben Sie dem einen eine so gewaltige Bedeutung und lassen das andere so gänzlich außer acht?

«Wenn Sexualität etwas ganz anderes ist als Liebe, wie Sie anzunehmen scheinen, besteht dann überhaupt irgend eine Notwendigkkeit, sich mit Sexualität zu befassen?» fragte der junge Mann.

Wir haben niemals gesagt, daß Liebe und Sexualität zwei getrennte Dinge sind. Wir haben gesagt, daß Liebe ein Ganzes ist, das nicht zu zerbrechen ist, und daß das Denken seiner Natur nach fragmentarisch ist. Wenn das Denken vorherrscht, gibt es offensichtlich keine Liebe. Der Mensch kennt im allgemeinen – vielleicht sogar nur – die gedankliche Sexualität, die das Wiederkäuen des Vergnügens und seine Wiederholung ist. Darum müssen wir fragen: Gibt es irgendeine andere Art von Sexualität, die nichts mit Denken oder Verlangen zu tun hat?

Der Sannyasi hatte mit stiller Aufmerksamkeit zugehört. Nun sagte er: «Ich habe der Sexualität widerstanden, ich habe ein Gelübde dagegen getan, weil ich durch Tradition und durch Vernunft erkannt habe, daß man Energie haben muß, wenn man sich dem religiösen Leben widmet. Aber jetzt sehe ich ein, daß dieser Widerstand sehr viel Energie verbraucht hat. Ich habe mehr Zeit für das Widerstehen verwandt und mehr Energie dafür verschwendet, als ich je für die Sexualität verschwendet habe. Darum verstehe ich jetzt, was Sie gesagt haben, daß nämlich Konflikt jeglicher Art Energieverschwendung ist. Konflikt und Kampf schwächen weit mehr als der Anblick eines Frauengesichtes, oder vielleicht sogar mehr als die Sexualität selbst.»

Gibt es Liebe ohne Begehren, ohne Genuß? Gibt es Sexualität ohne Begehren, ohne Genuß? Gibt es Liebe, die vollkommen ist, ohne daß der Gedanke sich eindrängt? Ist Sexualität etwas Abgenutztes – aus der Vergangenheit –, oder ist sie zu jeder Zeit etwas Neues? Der Gedanke ist offensichtlich alt, so stellen wir immer das Alte dem Neuen gegenüber. Wir stellen Fragen, die vom Vergangenen abgeleitet sind, und wünschen eine Antwort in Begriffen des Alten. Wenn wir also fragen: Gibt es Sexualität, ohne daß dieser ganze Denkmechanismus wirksam wird und abläuft, würde das nicht bedeuten, daß wir aus dem Alten nicht herausgetreten sind? Wir sind durch das Alte so gebunden, daß wir uns zu dem Neuen nicht vortasten können. Wir sagten, daß Liebe ein Ganzes und immer neu sei – neu nicht als Gegensatz zum Alten, denn das ist wiederum das Alte. Jede Behauptung, daß es Sexualität ohne Verlangen gibt, ist absolut wertlos, aber wenn Sie der Bedeutung des Denkens nachgegangen sind, dann werden Sie vielleicht auf das Andere stoßen. Wenn Sie jedoch verlangen, daß Sie Ihr Vergnügen um jeden Preis haben müssen, dann wird keine Liebe vorhanden sein.

Der junge Mann sagte: «Dieser biologische Drang, über den Sie gesprochen haben, ist genau ein solches Verlangen, denn obgleich er etwas anderes sein mag als das Denken, erzeugt er doch das Denken.»

«Vielleicht kann ich meinem jungen Freund antworten», sagte der Sannyasi, «denn ich habe das alles erlebt. Ich habe mich jahrelang trainiert, keine Frau anzuschauen. Ich habe das biologische Verlangen unbarmherzig kontrolliert. Der biologische Drang erzeugt kein Denken; das Denken ergreift ihn, das Denken verwendet ihn, das Denken schafft aus diesem Drang Gestalten, Bilder – und dann ist der Drang ein Sklave des Denkens. Es ist das Denken, das den Drang so häufig erzeugt. Wie ich sagte, fange ich an, unsere außerordentliche Selbsttäuschung und Unredlichkeit wahrzunehmen. In uns liegt sehr viel Heuchelei. Wir können die Dinge niemals sehen, wie sie sind, sondern müssen uns Illusionen über sie machen. Was Sie uns sagen, ist, auf jegliches Ding mit klaren Augen zu schauen, ohne die Erinnerung an gestern. Sie haben das oft in Ihren Reden wiederholt. Dann wird das Leben nicht zu einem Problem. In meinem hohen Alter beginne ich jetzt das zu erkennen.»

Der junge Mann wirkte nicht ganz befriedigt. Er wünschte sich das Leben nach seinen Vorstellungen, nach seiner Formel, die er sorgfältig aufgebaut hatte.

Aus diesem Grunde ist es so wichtig, sich selbst zu kennen, nicht nach irgendeiner Formel oder nach einem Guru. Dieses beständige, wertungsfreie Gewahrsein beendet alle Illusionen und alle Heuchelei.

Jetzt kam ein Wolkenbruch herunter, und die Luft war sehr ruhig, und nur das Geräusch des Regens auf dem Dach und den Blättern war zu hören.

KALIFORNIEN

16

Zeit

Meditation ist nicht das bloße Erfahren von Dingen, die jenseits alltäglicher Gedanken und Gefühle liegen, noch ist es das Trachten nach Visionen und Entzückungen. Ein unreifer und unbedeutender Mensch kann Visionen eines sich erweiternden Bewußtseins haben, und er hat sie, und er hat Erfahrungen, die er gemäß seiner Bedingtheit begreift. Diese Unreife mag den persönlichen Erfolg in dieser Welt in hohem Maße ermöglichen und mag berühmt und bekannt machen. Die Gurus, denen er folgt, sind von derselben Beschaffenheit, in dem gleichen Zustand. Meditation gehört nicht zu Menschen dieser Art. Sie ist nicht auf der Seite des Suchers, denn der Sucher findet, was er wünscht, und der Trost, den er daraus ableitet, ist die Moral seiner eigenen Ängste.

Der Mensch des Glaubens und des Dogmas mag tun, was er will, er kann nicht in das Reich der Meditation gelangen. Um zu meditieren, ist Freiheit notwendig. Meditation ist nicht als erstes da und danach die Freiheit. Freiheit – die totale Verneinung der sozialen Moral und Werte – ist der erste Ausdruck der Meditation. Sie ist keine öffentliche Angelegenheit, der sich viele anschließen und Gebete darbringen können. Sie steht allein und ist immer jenseits der Grenzen sozialen Verhaltens. Denn Wahrheit liegt nicht in den Denkvorstellungen oder darin, was das Denken zusammengesetzt hat und Wahrheit nennt. Die vollkommene Verneinung dieser ganzen Denkstruktur ist das Positive der Meditation.

Das Meer war an diesem Morgen ruhig; es war sehr blau, fast wie ein See; und der Himmel war klar. Seemöven und Pelikane flogen im Kreise am Rande des

Wassers entlang; die Pelikane berührten mit ihren schweren Schwingen und in ihrem langsamen Flug fast das Wasser. Der Himmel war sehr blau, und die jenseitigen Hügel waren sonnenverbrannt, mit Ausnahme einiger Büsche. Ein roter Adler tauchte aus diesen Hügeln auf, flog über die Wasserrinne und verschwand in den Bäumen.

Das Licht ist in diesem Teil der Welt voller Eindringlichkeit und Leuchtkraft, ohne das Auge zu blenden. Man spürte den Duft des Sumac, der Orange und des Eukalyptus. Seit vielen Monaten hatte es nicht mehr geregnet, und die Erde war versengt, ausgetrocknet und geborsten. Gelegentlich sah man Hochwild in den Hügeln, und einmal, als man den Hügel hinaufwanderte, erschien ein Bär, verstaubt und rauhhaarig. Auf diesem Weg kamen oft Klapperschlangen vorbei, und gelegentlich sah man eine Krötenechse. Auf dem Pfad begegnete man selten jemandem. Es war ein staubiger, steinharter und äußerst stiller Pfad.

Gerade vor uns war eine Wachtel mit ihren Jungen. Es müssen mehr als ein Dutzend gewesen sein, regungslos saßen sie da, um ihre Nicht-Existenz vorzutäuschen. Je höher man kletterte, um so wilder wurde es; es gab überhaupt keine Wohnmöglichkeiten mehr, weil das Wasser fehlte. Es gab auch keine Vögel und kaum einige Bäume. Die Sonne brannte sehr heiß, sie biß förmlich.

In dieser großen Erhabenheit war plötzlich dicht vor uns eine Klapperschlange, die schrill mit ihrem Schwanz klapperte und damit warnte. Man sprang zur Seite. Da war sie, die Klapperschlange mit ihrem dreieckigen Kopf, ganz zusammengerollt, mit ihren Rasseln in der Mitte und den Kopf gegen uns gerichtet. Man war einige Fuß von ihr entfernt, und in dieser Entfernung konnte sie uns nicht angreifen. Man starrte sie an, und sie starrte zurück mit ihren furchtlosen Augen. Man beobachtete sie einige Zeit in ihrer feisten Geschmeidigkeit, ihrer Gefährlichkeit, und man hatte keine Furcht. Dann, während man sie beobachtete, rollte sie ihren Kopf und ihren Schwanz gegen uns auf und bewegte sich rückwärts von uns hinweg. Da man sich auf sie zu bewegte, rollte sie sich wieder zusammen, mit ihrem Schwanz in der Mitte, bereit zuzustoßen. Wir spielten dieses Spiel für einige Zeit, bis die Schlange ermüdete und wir sie in Ruhe ließen und zum Meer hinuntergingen.

Es war ein hübsches Haus, dessen Fenster sich zum Rasen hin öffneten. Das Haus war im Innern weiß und wohlproportioniert. In kalten Nächten entzündete man ein Feuer. Es ist wunderschön, auf ein Feuer zu schauen, mit seinen tausend Flammen und vielen Schatten. Es war kein Laut zu hören, ausgenommen das Rauschen der ruhelosen See.

In dem Raum war eine kleine Gruppe von zweien oder dreien, die ganz allgemein über alles mögliche sprachen – über moderne Jugend, über das Kino und so fort. Dann sagte einer von ihnen: «Dürfen wir eine Frage stellen?» Und es schien jammerschade, das blaue Meer und die Hügel zu stören. «Wir würden gerne fragen, was Zeit für Sie bedeutet. Wir wissen mehr oder weniger, was die Wissenschaftler darüber sagen und die science-fiction-Schreiber. Es scheint mir, daß der Mensch immer in dieses Problem der Zeit eingefangen war – in das ewige Gestern und Morgen. Von den ältesten Zeiten bis zum heutigen Tag hat die Zeit den Geist des Menschen beschäftigt. Philosophen haben darüber nachgedacht, und die Religionen haben ihre eigenen Erklärungen. Können wir darüber sprechen?»

Wollen wir in diese Frage tief eindringen, oder wünschen Sie, sie nur oberflächlich zu berühren und es dabei bewenden zu lassen? Wenn wir ernsthaft darüber sprechen wollen, müssen wir vergessen, was Religionen, Philosophen und andere gesagt haben – denn Sie dürfen wirklich keinem von ihnen glauben. Man mißtraut ihnen nicht nur aus stumpfer Gleichgültigkeit oder aus Arroganz, sondern man erkennt, daß man alle Autoritäten beiseite lassen muß, um herauszufinden. Wenn man dazu bereit ist, ist es vielleicht ganz einfach, diese Frage zu untersuchen.

Gibt es, abgesehen von der Uhr, überhaupt Zeit? Wir akzeptieren so viele Dinge; Gehorsam ist uns so eingeimpft worden, daß Anerkennung ganz natürlich erscheint. Aber gibt es überhaupt Zeit, abgesehen von den vielen Gestern? Ist Zeit eine Fortdauer – als gestern, heute und morgen –, und gibt es Zeit ohne das Gestern? Was gibt den tausend Gestern eine Fortdauer?

Eine Ursache bringt ihre Wirkung hervor, und die Wirkung wird ihrerseits zur Ursache; es gibt keine Trennung zwischen ihnen, es ist *eine* Bewegung. Diese Bewegung nennen wir Zeit, und mit dieser Bewegung in unseren Augen und unserem Herzen sehen wir jegliches Ding. Wir sehen mit den Augen der Zeit und übertragen die Begriffe der Vergangenheit auf die Gegenwart; und diese Übertragung begegnet dem Morgen. Das ist die Kette der Zeit.

Das Denken, das in diesen Prozeß eingefangen ist, stellt die Frage: «Was ist Zeit?» Und diese forschende Frage kommt aus dem Mechanismus der Zeit. Darum hat das Nachforschen keinen Wert, denn der Gedanke *ist* Zeit. Das Gestern hat das Denken hervorgebracht, und so teilt der Gedanke den Zeitraum in gestern, heute und morgen ein. Oder er sagt: «Es gibt nur die Gegenwart», und vergißt dabei, daß die Gegenwart selbst das Ergebnis des Gestern ist.

Unser Bewußtsein ist aus dieser Kette der Zeit entstanden, und innerhalb seiner Grenzen fragen wir: «Was ist Zeit? Und wenn es keine Zeit gibt, was geschieht mit gestern?» Solche Fragen liegen im Bereich der Zeit, und es gibt keine Antwort auf eine Frage, die vom Denken über die Zeit gestellt wird.

Oder gibt es kein Morgen und kein Gestern, sondern nur das Jetzt? Diese Frage wird nicht vom Denken gestellt. Sie wird gestellt, wenn die Struktur und die Natur der Zeit erkannt wird.

Gibt es tatsächlich ein Morgen? Natürlich gibt es diesen Zeitbegriff, wenn ich einen Zug erreichen muß; aber gibt es innerlich den Schmerz, das Vergnügen und den Erfolg von morgen? Oder gibt es nur das Jetzt, das nicht mit dem Gestern verknüpft ist? Zeit hört nur auf, wenn das Denken anhält. Und im Augenblick des Anhaltens ist das Jetzt da. Dieses Jetzt ist keine Idee, es ist eine wirkliche Tatsache – aber nur, wenn der ganze Mechanismus des Denkens zu einem Ende gekommen ist. Das *Gefühl* des Jetzt ist gänzlich verschieden von dem *Wort*, das zur Zeit gehört. So wollen wir uns nicht durch Worte wie gestern, heute und morgen einfangen lassen. Die Verwirklichung des Jetzt ist nur in Freiheit möglich, und Freiheit hat nichts mit der Kultivierung des Denkens zu tun.

Dann erhebt sich die Frage: «Worin besteht die Handlung des Jetzt?» Wir kennen nur die Handlung, die aus der Zeit und der Erinnerung, dem Intervall zwischen gestern und der Gegenwart kommt. In diesem Intervall oder Zwischenraum beginnt alle Verwirrung und der Konflikt. Was wir wirklich wissen möchten, ist, was Handlung ist, wenn es überhaupt keinen Intervall gibt. Der bewußte Geist würde sagen: «Ich tat etwas spontan», aber tatsächlich ist das nicht so. Es gibt keine Spontaneität, weil der Geist bedingt ist. Das Aktuelle ist die einzige Tatsache; das Aktuelle ist das Jetzt, und da das Denken unfähig ist, ihm zu begegnen, schafft es Vorstellungsbilder davon. In dem Abstand zwischen dem Bild und dem, was ist, liegt das Unglück, das das Denken geschaffen hat.

Zu sehen, was ist, ohne das Gestern, ist das Jetzt. Das Jetzt ist das Schweigen des Gestern.

17

Unschuld

MEDITATION IST EINE niemals endende Bewegung. Sie können nie sagen, daß Sie meditieren oder für Meditation einen Zeitraum bestimmen. Sie geschieht nicht auf Befehl. Ihr Segen wird Ihnen nicht zuteil, wenn Sie ein systematisiertes Leben führen oder einer besonderen Routine oder Moral folgen. Sie kommt nur, wenn Ihr Herz wirklich geöffnet ist. Nicht geöffnet durch den Schlüssel des Denkens, nicht gesichert durch den Intellekt, sondern wenn es offen ist wie der wolkenlose Himmel; dann kommt sie ohne Ihr Wissen, ohne Ihre Einladung. Aber Sie können sie niemals bewahren, festhalten, anbeten. Wenn Sie es versuchen, wird sie niemals wiederkommen; Sie können tun, was Sie wollen, sie wird Sie meiden. In der Meditation sind Sie nicht wichtig, Sie haben darin keinen Platz; ihre Schönheit hat nichts mit Ihnen zu tun; sie ist Schönheit an sich. Und dazu können Sie nichts beitragen. Schauen Sie nicht aus dem Fenster in der Hoffnung, sie unversehens zu fangen, sitzen Sie nicht in einem verdunkelten Raum, um auf sie zu warten; sie kommt nur, wenn *Sie* überhaupt nicht da sind, und ihre Seligkeit hat keine Dauer.

Die Berge schauten hinab auf das endlose blaue Meer, das sich meilenweit erstreckte. Die Hügel waren fast kahl, sonnenverbrannt, mit kleinen Büschen, und in ihren Bodenfalten standen Bäume, von Sonne und Feuer versengt, aber sie waren noch da, sie gediehen und standen bewegungslos. Da war besonders ein Baum, eine gewaltige alte Eiche, die alle Hügel ringsherum zu beherrschen schien. Und auf dem Gipfel eines anderen Hügels stand ein toter Baum, vom Feuer verbrannt. Da stand er, nackt, grau, ohne ein einziges Blatt. Wenn man auf diese Berge schaute, auf ihre Schönheit und ihre Konturen, die sich gegen den blauen Himmel abhoben, schien dieser Baum allein den Himmel zu halten. Er hatte viele Zweige, die alle tot waren, und er würde niemals wieder den Frühling zu spüren bekommen. Dennoch war er intensiv lebendig, voller Würde und Schönheit. Man fühlte sich als ein Teil von ihm, allein und ohne jede Stütze, außerhalb der Zeit. Es schien so, als ob er für ewig dort sein würde, wie auch jene gewaltige Eiche im Tal. Der eine lebte, und der andere war tot, und beide waren die einzigen Dinge, die inmitten dieser Hügel von Bedeutung waren, sonnenverbrannt, versengt vom Feuer, auf den Winterregen wartend. Man sah in diesen beiden Bäumen das Ganze des Lebens, einschließlich des eigenen Lebens – einer lebendig, einer tot. Und Liebe lag zwischen ihnen, geborgen, unsichtbar, ohne Forderung.

Unterhalb des Hauses lebte eine Mutter mit ihren vier

Jungen. Am Tage unserer Ankunft waren sie auf der Veranda, die Mutter Waschbär mit ihren vier Babies. Sie waren sofort freundlich – mit ihren scharfen, schwarzen Augen und weichen Pfoten; sie verlangten gefüttert zu werden, und zur gleichen Zeit waren sie nervös. Die Mutter war zurückhaltend. Am nächsten Abend waren sie wieder da und nahmen ihre Nahrung aus unseren Händen, und man fühlte ihre sanften Pfoten. Sie waren leicht zu zähmen und zu verhätscheln, und man war über ihre Schönheit und ihre Bewegungen erstaunt. In einigen Tagen würden wir alle in sie vernarrt sein, und man fühlte die Unermeßlichkeit des Lebens in ihnen.

Es war ein lieblicher, klarer Tag, und jeder kleine Baum und Busch hob sich klar gegen die strahlende Sonne ab. Der Mann war aus dem Tal gekommen, den Hügel hinauf zu dem Haus, das über einen Wasserlauf schaute und jenseits davon über eine ganze Kette von Bergen. Nahe dem Hause standen ein paar Pinien und hochgewachsener Bambus.

Er war ein junger Mann voller Hoffnung, den die Brutalität der Zivilisation noch nicht berührt hatte. Alles, was er wünschte, war, ruhig zu sitzen, schweigend zu sein, und nicht nur durch die Hügel, sondern auch durch die Besänftigung seiner inneren Bedrängnis zum Schweigen zu gelangen.

«Welche Rolle spiele ich in der Welt? Welches ist meine Beziehung zu der bestehenden Ordnung? Was bedeutet dieser endlose Konflikt? Ich habe einen Schatz; wir schlafen zusammen, und doch ist das nicht alles. Es scheint alles wie ein ferner Traum, der verblaßt und zurückkommt, erregend in einem Augenblick, bedeutungslos im nächsten. Ich habe gesehen, wie einige meiner Freunde Drogen nehmen. Sie sind stumpfsinnig geworden, schwachköpfig. Vielleicht werde auch ich, selbst ohne Drogen, durch die Routine des Lebens und den Schmerz meiner inneren Einsamkeit stumpfsinnig gemacht. Unter diesen vielen Millionen Menschen bin ich ohne Belang. Ich werde den Weg gehen, den die anderen gegangen sind, und niemals auf ein Kleinod stoßen, das unvergänglich ist, das niemals gestohlen werden kann, das niemals trübe werden kann. Darum dachte ich, ich sollte hierher kommen und mit Ihnen sprechen, wenn Sie Zeit dafür haben. Ich bitte nicht um irgendwelche Antworten auf meine Fragen. Ich bin beunruhigt; obgleich ich noch sehr jung bin, bin ich bereits entmutigt. Ich sehe die alte, hoffnungslose Generation um mich herum mit ihrer Verbitterung, Grausamkeit, Heuchelei, ihrer Kompromißbereitschaft, ihrer Weltklugheit. Sie haben nichts zu geben, und, seltsam genug, ich wünsche auch nichts von ihnen. Ich weiß nicht, was ich wünsche, aber ich weiß, daß ich ein Leben führen muß, das inhaltsreich ist, das sinnvoll ist. Ich wünsche gewiß nicht, in irgendein Büro zu gehen und allmählich ein Jemand in diesem ziellosen, bedeutungslosen Leben zu werden. Und manchmal bringt mich die Einsamkeit und die Schönheit der fernen Sterne zum Weinen.»

Wir saßen einige Zeit still da, und die Pinie und der Bambus wurden vom Winde gestreift.

Die Lerche und der Adler hinterlassen auf ihrem Flug keine Spur; der Wissenschaftler hinterläßt eine Spur, wie es auch alle Spezialisten tun. Man kann ihnen Stufe um Stufe folgen und dem, was sie gefunden und angehäuft haben, weitere Stufen hinzufügen; und mehr oder weniger wissen wir, wohin das Anhäufen führt. Aber mit Wahrheit hat das nichts zu tun; sie ist wirklich ein pfadloses Land; sie mag schon an der nächsten Biegung der Landstraße sein oder tausend Meilen entfernt. Sie müssen weitergehen, und dann werden Sie sie an Ihrer Seite finden. Aber wenn Sie anhalten und einen Weg ausfindig machen, auf dem Sie einem anderen folgen, oder wenn Sie einen Plan für Ihren eigenen Lebensweg aufstellen, wird Ihnen die Wahrheit niemals nahe kommen.

«Ist das poetisch oder aktuell?»

Was meinen Sie? Für uns muß jegliches Ding schablonenhaft sein, so daß wir etwas Praktisches damit tun können, etwas damit aufbauen können, es anbeten. Sie können einen Stecken ins Haus bringen, ihn auf ein Wandbrett stellen, jeden Tag eine Blume davor legen, und nach einigen Tagen wird er große Bedeutung haben.

Der Geist kann jedem Ding einen Sinn geben, aber der Sinn, den er gibt, ist ohne Bedeutung. Wenn man fragt, welches der Zweck des Lebens ist, ist es das gleiche, als ob man jenen Stecken anbetet. Das Schreckliche ist, daß der Mensch immer neue Zwecke, neue Ziele, neue Freuden erfindet und sie immer zerstört. Er ist niemals ruhig. Ein Mensch, der in seiner inneren Ruhe reich ist, schaut niemals über das hinaus, was ist. Man muß beides sein, der Adler und der Wissenschaftler, wohl wissend, daß sich die beiden niemals begegnen können. Das bedeutet nicht, daß sie zwei getrennte Dinge sind. Beide sind notwendig. Aber wenn der Wissenschaftler der Adler werden möchte, und der Adler seine Fußspuren hinterläßt, beginnt das Elend in der Welt.

Sie sind ziemlich jung. Verlieren Sie niemals Ihre Unschuld und die Verwundbarkeit, die sie mit sich bringt. Das ist der einzige Schatz, den der Mensch haben kann und haben muß.

«Ist diese Verwundbarkeit das Ein und Alles des Daseins? Ist es der einzige, unschätzbare Edelstein, der entdeckt werden kann?»

Sie können nicht verwundbar sein ohne Unschuld, und obgleich Sie tausend Erfahrungen haben, tausend Lächeln und Tränen, wird der Geist nur unschuldig sein können, wenn Sie sich von ihnen lossagen. Nur der unschuldige Geist kann trotz seiner tausend Erfahrungen erkennen, was Wahrheit ist. Und nur die Wahrheit macht den Geist verwundbar, das heißt frei.

«Sie sagen, daß man die Wahrheit nicht erkennen kann, ohne unschuldig zu sein, und man kann nicht unschuldig sein, ohne die Wahrheit zu sehen. Das ist ein Teufelskreis, nicht wahr?»

Unschuld kann es nur geben, wenn das Gestern tot ist. Aber wir geben das Gestern nie preis. Wir behalten immer einen schäbigen Rest, ein brüchiges Überbleibsel von gestern, und das hält den Geist verankert, gebunden durch die Zeit. So ist Zeit der Feind der Unschuld. Man muß sich jeglichen Tag von jeglichem Ding lösen, das der Geist ergriffen hat und woran er festhält. Andernfalls gibt es keine Freiheit. In der Freiheit liegt Verwundbarkeit. Es kommt nicht eins nach dem anderen – es ist alles eine Bewegung, das Kommen und das Gehen. Es ist in Wirklichkeit die Fülle des Herzens, die unschuldig ist.

18

Sicherheit

MEDITATION IST DAS ENTLEEREN des Geistes von dem Bekannten. Das Bekannte ist die Vergangenheit. Das Entleeren liegt nicht am Ende der Anhäufung, es bedeutet vielmehr, überhaupt nicht anzusammeln. Von dem, was gewesen ist, kann man sich nur in der Gegenwart entlasten, nicht durch Denken, sondern durch Handeln, durch das Tun im Gegebenen. Die Vergangenheit ist die Bewegung von einer gedanklichen Folgerung zur anderen und die Beurteilung dessen, was ist, durch die Schlußfolgerung. Jedes Urteil ist gedankliche Entscheidung, sei sie aus der Vergangenheit oder der Gegenwart, und diese Entscheidung verhindert die ständige Entlastung des Geistes von dem Bekannten; denn das Bekannte ist immer Schlußfolgerung, Feststellung.

Das Bekannte ist die Handlung des Willens, und der Wille in seiner Wirksamkeit ist die Fortdauer des Bekannten, darum kann die Willenshandlung den Geist unmöglich leer machen. Der leere Geist kann nicht auf dem Altar der Wünsche erworben werden; er entsteht, wenn das Denken seiner eigenen Betätigung gewahr ist – nicht, wenn der Denker seiner Gedanken gewahr wird.

In der Meditation ist der Geist unschuldig, gegenwärtig und daher immer allein. Der Mensch, der vollkommen allein ist, unberührt durch das Denken, hört auf, anzuhäufen. Darum geschieht die Entleerung des Geistes immer in der Gegenwart. Für den Menschen, der allein ist, hört die Zukunft, die das Ergebnis der Vergangenheit ist, auf. Meditation ist eine Bewegung, nicht eine Schlußfolgerung, nicht ein Endziel, das es zu erreichen gilt.

Der Wald war sehr groß, mit Pinien, Eichen, Büschen und Rotholz. Ein kleiner Wasserlauf war da, der mit ständigem Gemurmel die Böschung hinabfloß. Es gab kleine Schmetterlinge, blaue und gelbe, die keine Blumen zu finden schienen, um darauf zu ruhen, und sie wurden abwärts getrieben, dem Tale zu.

Dieser Wald war sehr alt, und die Rotholzbäume waren noch älter. Es gab gewaltige Bäume von großer Höhe, und es herrschte jene besondere Atmosphäre, die sich einstellt, wenn der Mensch abwesend ist – mit seinen Kanonen, seinem Geschwätz und der Schaustellung seines Wissens. Keine Straße führte durch den Wald. Man mußte das Auto nach kurzer Strecke verlassen und auf einer Fährte entlangwandern, die mit Piniennadeln bedeckt war.

Ein Eichelhäher war da, der alle Tiere vor der menschlichen Annäherung warnte. Das Warnen hatte seine Wirkung, denn jede tierische Bewegung schien aufgehört zu haben, und man hatte das Gefühl, intensiv beobachtet zu werden. Die Sonne hatte es schwer, hier einzudringen, und es herrschte eine Stille, die man fast greifen konnte.

Zwei rote Eichhörnchen mit langen, buschigen Schwänzen kamen schnatternd den Pinienbaum herunter; ihre Krallen machten ein kratzendes Geräusch. Sie jagten einander rund um den Stamm herum, auf und ab, mit einem ungestümen Vergnügen und Entzücken. Zwischen ihnen lag eine Spannung – der Zusammenklang von Spiel, Sex und Scherz. Sie amüsierten sich köstlich. Das Tier, das oben war, stoppte plötzlich und beobachtete das untere, das noch in Bewegung war; dann stoppte das untere auch, und sie schauten einander an, mit erhobenen Schwänzen und zuckenden Nasen, die gegeneinander gerichtet waren. Mit ihren scharfen Augen beobachteten sie sich gegenseitig und auch die Bewegung um sich herum. Sie hatten den Beobachter ausgezankt, der unter dem Baum saß, und jetzt hatten sie ihn vergessen. Aber sie waren auf der Hut voreinander, und man konnte das Ergötzen fast spüren, das sie an ihrer gegenseitigen Gesellschaft hatten. Ihr Nest muß hoch oben gewesen sein, und plötzlich wurden sie müde; das eine lief den Baum hinauf und das andere am Erdboden entlang und verschwand hinter einem anderen Baum.

Der Eichelhäher, blau, wachsam und neugierig, hatte sie und den Mann, der unter dem Baum saß, beobachtet, und auch er flog laut rufend davon.

Wolken kamen auf, und wahrscheinlich würde es in ein oder zwei Stunden ein Gewitter geben.

Sie war Analytikerin mit einem akademischen Grad und arbeitete in einer großen Klinik. Sie war ziemlich jung, modern gekleidet, den Rock bis oberhalb des Knies. Sie schien sehr angespannt zu sein, und man konnte sehen, daß sie erregt war. Bei Tisch war sie unnötigerweise gesprächig und betonte nachdrücklich, was sie über die Dinge dachte. Sie schien niemals durch das große Fenster auf die Blumen zu schauen, auf den Windhauch, der die Blätter bewegte, und auf den schlanken, großen Eukalyptus, der sich sanft im Winde wiegte. Sie aß wahllos, nicht sonderlich daran interessiert, was sie aß.

In dem anschließenden kleinen Raum sagte sie: «Wir Analytiker helfen kranken Menschen, sich in eine noch kränkere Gesellschaft einzufügen, und wir haben manchmal, vielleicht sehr selten, Erfolg. Aber tatsächlich wird jeder Erfolg von der Natur selbst vollbracht. Ich habe viele Menschen analysiert. Ich liebe meine Tätigkeit nicht, aber ich muß meinen Lebensunterhalt verdienen, und es gibt so viele kranke Menschen. Ich glaube nicht, daß man ihnen sehr viel helfen kann, obgleich wir es natürlich immer mit neuen Drogen, Chemikalien und Theorien versuchen. Aber abgesehen von den Kranken kämpfe ich darum, anders zu sein – anders als der gewöhnliche Durchschnittsmensch.»

Sind Sie nicht in diesem Streben, anders zu sein, dasselbe wie die anderen? Und warum dieses ganze Sichmühen?

«Aber wenn ich nicht strebe, nicht kämpfe, werde ich nur wie die gewöhnliche bürgerliche Hausfrau sein. Ich möchte gern anders sein, und darum wünsche ich nicht zu heiraten. Aber ich bin wirklich sehr einsam, und meine Einsamkeit hat mich in diese Arbeit gedrängt.»

So wird diese Einsamkeit Sie allmählich zum Selbstmord treiben, nicht wahr?

Sie nickte; sie war fast in Tränen aufgelöst.

Führt nicht die ganze Tätigkeit des Bewußtseins zur Isolierung, zur Furcht und zu diesem unaufhörlichen Kampf, anders zu sein? Alles gehört zu diesem Drang, sich zu erfüllen, sich mit etwas anderem oder mit dem, was man selbst ist, zu identifizieren. Die meisten Analytiker haben ihre Lehrer, nach deren Theorien und etablierten Schulen sie arbeiten, die sie nur etwas modifizieren und denen sie einen neuen Schnörkel hinzufügen.

«Ich gehöre der neuen Schule an; wir gehen ohne Symbole an die Arbeit und schauen der Realität tatsächlich ins Auge. Wir kümmern uns nicht mehr um die früheren Meister mit ihren Symbolen und sehen den Menschen, wie er ist. Aber das alles wird wieder zu einer anderen Schule, und ich bin nicht hier, um über die verschiedenen Schultypen, Theorien und Meister zu diskutieren, sondern vielmehr, um über mich selbst zu sprechen. Ich weiß nicht, was ich tun soll.»

Sind Sie nicht ebenso krank wie die Patienten, die Sie zu heilen versuchen? Sind Sie nicht Teil der Gesellschaft, die vielleicht noch verwirrter und kränker ist als Sie? So ist also das Problem tiefgehender, nicht wahr?

Sie sind das Resultat des gewaltigen Einflusses der Gesellschaft mit ihrer Kultur und ihren Religionen, die Sie antreibt, sowohl wirtschaftlich wie auch innerlich. Entweder müssen Sie mit der Gesellschaft Frieden schließen, das heißt, ihre Krankheiten annehmen und mit ihnen leben, oder sie total ablehnen und einen neuen Lebensweg finden. Aber Sie können den neuen Weg nicht finden, ohne den alten aufzugeben.

In Wirklichkeit wollen Sie Sicherheit, nicht wahr? Darin besteht das ganze Suchen des Denkens – anders zu sein, klüger zu sein, scharfsinniger, geistreicher. In diesem Prozeß suchen Sie eine große Sicherheit zu finden, nicht wahr? Aber gibt es so etwas überhaupt? Sicherheit verneint Ordnung. Es gibt keine Sicherheit in den Beziehungen, im Glauben, in der Handlung, und weil man sie sucht, schafft man Unordnung. Sicherheit erzeugt Unordnung, und wenn Sie der ständig anwachsenden Unordnung in sich selbst gegenüberstehen, möchten Sie das alles beenden.

In dem Bereich des Bewußtseins mit seinen weiten und engen Grenzen versucht das Denken immer einen sicheren Ort zu finden. Darum erzeugt das Denken Unordnung; Ordnung ist nicht das Ergebnis des Denkens. Wenn die Unordnung endet, dann ist Ordnung da. Liebe existiert nicht innerhalb des Denkbereichs. Gleich der Schönheit kann sie nicht durch einen Pinselstrich erlangt werden. Man muß die gesamte Unordnung in sich selbst aufgeben.

Sie wurde sehr still, zurückgezogen in sich selbst. Es fiel ihr schwer, den Tränen Einhalt zu gebieten, die über ihre Wangen herabliefen.

19

Die Leere

Schlaf ist ebenso wichtig wie sich wachzuhalten, vielleicht noch wichtiger. Wenn der Mensch während des Tages wachsam ist, in sich gesammelt, den inneren und äußeren Ablauf des Lebens beobachtet, dann stellt sich während der Nacht Meditation als ein Segen ein. Der Mensch wacht auf, und aus der Tiefe des Schweigens erhebt sich der Zauber der Meditation, den keine Einbildung und kein Flug der Phantasie jemals hervorbringen kann. Meditation geschieht, ohne daß der Geist sie je einlädt: sie entsteht aus der Ruhe des Bewußtseins – nicht innerhalb, sondern außerhalb des Bewußtseins, nicht in der Peripherie des Denkens, sondern jenseits der Reichweite des Denkens. Darum gibt es keine Erinnerung daran, denn Erinnerung ist immer die Vergangenheit, und Meditation ist nicht das Wiederaufleben der Vergangenheit. Sie geschieht aus der Fülle des Herzens und nicht aus der Schärfe und Fähigkeit des Verstandes. Sie mag Nacht für Nacht geschehen, aber jedesmal, wenn man damit gesegnet wird, ist sie neu – nicht neu im Unterschied zu alt, sondern neu ohne den Hintergrund des Alten, neu in ihrer Mannigfaltigkeit und ihrem ständigen Wandel. So wird der Schlaf eine Sache von außerordentlicher Bedeutung, nicht der Schlaf der Erschöpfung, nicht der Schlaf, der durch Drogen und körperliche Beruhigung erzeugt wird, sondern ein Schlaf, der in dem Maße leicht und unbeschwert ist, wie der Körper sensitiv ist. Und der Körper wird durch Wachsamkeit sensitiv. Manchmal ist Meditation leicht wie ein Windhauch, der vorüberstreicht; zu anderen Zeiten ist ihre Tiefe jenseits allen Maßes. Aber wenn der Geist den einen oder den anderen Zustand als Erinnerung festhält, um darin zu schwelgen, dann hört die Verzückung der Meditation auf. Es ist wichtig, sie niemals zu besitzen oder ihren Besitz zu wünschen. Besitzgier darf niemals in die Meditation eindringen, denn Meditation hat keine Wurzel, noch irgend eine Substanz, daran der Geist sich halten kann.

Als wir kürzlich die tiefe Felsschlucht hinaufstiegen, die im Schatten der unfruchtbaren Berge zu beiden Seiten liegt, war sie voller Vögel, Insekten und der stillen Geschäftigkeit kleiner Tiere. Wir wanderten den sanften Hang höher und höher hinauf, bis zu einem Punkt, von dem aus man auf die Hügel und Berge der Umgebung schaute, auf denen das Licht der untergehenden Sonne lag. Es sah aus, als sei ein Leuchten in ihnen, das niemals ausgelöscht werden könne. Aber da man hinschaute, verblaßte das Licht, und im Westen wurde der Abendstern heller und heller. Es war ein lieblicher Abend, und irgendwie fühlte man das ganze Universum dicht neben sich und war umgeben von einer seltsamen Ruhe.

Wir haben kein Licht in uns; wir haben das künstliche Licht der anderen: das Licht des Wissens, das Licht, das Talent und Fähigkeit uns schenken. Licht von dieser Art schwindet dahin und wird zum Schmerz. Das Licht des Gedankens wird zu seinem eigenen Schatten. Aber das Licht, das niemals vergeht, das tiefe innere Leuchten, das keine Sache des Marktes ist, kann keinem anderen gezeigt werden. Man kann es nicht suchen, man kann es nicht kultivieren, man kann es sich unmöglich einbilden oder darüber nachgrübeln, denn es liegt nicht innerhalb der Reichweite des Verstandes.

Er war ein Mönch von gewissem Ansehen, der sowohl in einem Kloster als auch allein außerhalb des Klosters gelebt hatte, suchend und von tiefem Ernst.

«Die Dinge, die Sie über Meditation sagen, scheinen wahr zu sein; sie liegt außerhalb unserer Reichweite. Das bedeutet doch wohl, daß es kein Suchen, kein Wünschen, keinerlei Geste nach dieser Richtung hin geben darf, weder die vorsätzliche Geste des Sitzens in einer besonderen Haltung noch eine besondere Einstellung dem Leben gegenüber oder gegenüber sich selbst? Was soll man also tun? Was haben Worte überhaupt für einen Sinn?»

Sie suchen aus Ihrer Leere heraus, Sie greifen nach außen, entweder, um diese Leere zu füllen oder ihr zu entrinnen. Diese nach außen gehende Bewegung aus innerer Armut ist begrifflich, spekulativ, dualistisch. Das bedeutet Konflikt, und er ist endlos. Greifen Sie darum nicht nach außen! Aber die Energie, die nach außen gegriffen hat, wendet sich nun greifend nach innen, sucht und forscht und fragt nach etwas, das es nun «innerlich» nennt. Die beiden Bewegungen sind im wesentlichen das gleiche; sie müssen beide aufhören.

«Verlangen Sie einfach von uns, mit dieser Leere zufrieden zu sein?»

Gewiß nicht.

«So bleibt die Leere und eine bestimmte Art von Verzweiflung. Die Verzweiflung ist sogar noch größer, wenn man nicht einmal suchen darf!»

Ist es Verzweiflung, wenn Sie die Richtigkeit erkennen, daß die innere und äußere Bewegung ohne Bedeutung ist? Ist es Zufriedenheit mit dem, was ist? Ist es die Hinnahme dieser Leere? Es ist nichts dergleichen. Sie haben also das Nach-außen-Gehen, das Nach-innen-Gehen und das Annehmen von sich gewiesen. Sie haben alle Bewegungen des Geistes, der dieser Leere gegenübersteht, verworfen. Dann ist der Geist leer, denn die Bewegung ist der Geist selbst. Der Geist ist aller Bewegung bar, daher gibt es kein Wesen, das irgendeine Bewegung in Gang setzt. Lassen Sie ihn leer bleiben. Lassen Sie ihn leer *sein*. Der Geist hat sich von der Vergangenheit, der Zukunft und der Gegenwart gereinigt; er hat sich vom Werden geläutert, und Werden ist Zeit. Es gibt also keine Zeit; es gibt kein Messen und Werten. Ist es dann Leerheit?

«Dieser Zustand kommt und geht häufig. Selbst wenn es nicht die Leere ist, ist es gewiß nicht die Ekstase, von der Sie sprechen.»

Vergessen Sie, was gesagt worden ist. Vergessen Sie auch, daß es kommt und geht. Wenn es kommt und geht, gehört es der Zeit an; dann ist der Beobachter da, der sagt, «es ist hier, es ist gegangen». Dieser Beobachter ist es ja, der mißt, vergleicht, wertet, darum ist es nicht das Leersein, von dem wir sprechen.

«Narkotisieren Sie mich?» Und er lachte.

Wenn das Messen und Werten und die Zeit aufgehört haben, gibt es dann noch eine Grenze oder einen Umriß der Leerheit? Können Sie es dann überhaupt noch Leerheit oder Nichts nennen? Dann ist jegliches Ding darin, und nichts ist darin.

20

Die Sinne

Es hatte während der Nacht ein wenig geregnet, und jetzt, am frühen Morgen, da du aufstandest, spürtest du den starken Duft von Sumac, Salbei und feuchter Erde. Es war rote Erde, und rote Erde scheint einen stärkeren Geruch abzugeben als braune Erde. Nun lag die Sonne auf den Hügeln mit jener ungewöhnlichen Färbung von gebrannter Siena-Erde, und jeder Baum und jeder Strauch funkelte, frisch gewaschen vom Regen der letzten Nacht, und alles barst vor Freude. Es hatte seit sechs oder acht Monaten nicht geregnet, und du kannst dir vorstellen, wie sehr sich die Erde freute, und nicht nur die Erde, sondern alles darauf – die gewaltigen Bäume, der schlanke Eukalyptus, die Pfefferbäume und die Lebenseichen. Die Vögel schienen an diesem Morgen anders zu singen, und da du die Hügel und die fernen blauen Berge betrachtetest, warst du irgendwie darin verloren. Weder du selbst noch irgend etwas ringsherum existierte. Es gab nur diese Schönheit, dieses Unermeßliche, nur die sich entfaltende, sich ausdehnende Erde. Aus diesen Hügeln, die sich Meile um Meile erstreckten, kam an diesem Morgen eine Stille, die der eigenen Ruhe begegnete. Es war wie eine Begegnung von Erde und Himmel, und die Verzückung war ein Dankgebet.

Am selben Abend, da man die Felsschlucht zu den Hügeln hinaufstieg, war die rote Erde feucht unter den Füßen, weich, nachgebend und voller Verheißung. Man stieg meilenweit steil aufwärts, und dann ging es plötzlich hinunter. Als man über die Bergkuppe kam, begegnete man diesem vollkommenen Schweigen, das sich über alles herniedersenkte, und beim Betreten des tiefen Tales wurde das Schweigen durchdringender, drängender, eindringlicher. Da gab es keinen Gedanken, nur das Schweigen war da. Da man hinunterging, schien es die ganze Erde zu bedecken, und es war erstaunlich, wie jeder Vogel und jeder Baum still wurde. Da war kein Lufthauch zwischen den Bäumen, und mit der Dunkelheit zogen sie sich in ihre Einsamkeit zurück. Es ist seltsam, wie sie während des Tages jedermann willkommen heißen, und jetzt waren sie mit ihren phantastischen Formen abweisend, zurückhaltend, in sich gekehrt. Drei Jäger gingen mit ihren mächtigen Bogen und Pfeilen vorüber, an ihren Stirnen waren elektrische Lampen festgeschnallt. Sie gingen, um Nachtvögel zu töten und schienen absolut unempfindlich für die Schönheit und das Schweigen um sie herum. Sie waren nur auf das Töten versessen, und es schien, als ob jegliches Ding sie beobachtete, erschreckt und voller Mitleid.

An diesem Morgen war eine Gruppe junger Leute zu dem Haus gekommen. Es waren ungefähr dreißig Studenten aus verschiedenen Universitäten. Sie waren in diesem Klima groß geworden und waren stark, gut genährt, schlank und begeistert. Nur einer oder zwei von ihnen saßen auf Stühlen, die meisten saßen auf dem Fußboden, und die Mädchen in ihren Miniröcken saßen unbequem. Einer der Jungen sprach mit zitternden Lippen und mit gebeugtem Haupt.

«Ich möchte ein Leben anderer Art führen, ich möchte nicht durch Sex und Drogen und diese Pöstchenjägerei gefesselt werden. Ich möchte außerhalb dieser Welt leben und bin doch in ihr gefangen. Ich habe sexuelle Beziehungen und bin am nächsten Tag äußerst deprimiert. Ich weiß, daß ich friedvoll leben möchte, mit Liebe im Herzen, aber ich werde durch meine Triebe zerrissen, durch die Anziehungskraft der Gesellschaft, in der ich lebe. Ich wünsche diesen Trieben zu gehorchen, dennoch rebelliere ich gegen sie. Ich möchte auf der Spitze des Berges leben, doch steige ich immer in das Tal hinab, wo sich mein Leben abspielt. Ich weiß nicht, was ich tun soll. Ich werde durch alles gelangweilt. Meine Eltern können mir nicht helfen, noch können es die Professoren, mit denen ich manchmal diese Dinge zu erörtern versuche. Sie sind ebenso verwirrt und elend, wie ich es bin, in Wirklichkeit noch mehr, weil sie viel älter sind.»

Wichtig ist, nicht zu irgend einer Festlegung zu kommen oder zu einer Entscheidung für oder gegen den Sex, nicht in begriffliche Ideologien eingefangen zu werden. Wir wollen auf das ganze Bild unserer Existenz schauen. Der Mönch hat das Gelübde der Keuschheit auf sich genommen, weil er glaubt, daß er die Beziehung zu einer Frau meiden muß, um seinen Himmel zu gewinnen. Aber für den Rest seines Lebens kämpft er gegen seine körperlichen Wünsche. Er befindet sich in Konflikt mit dem Himmel und mit der Erde und verbringt den Rest seiner Tage in Dunkelheit, das Licht suchend. Jeder von uns ist in diesen ideologischen Kampf eingefangen, gerade so wie der Mönch, der von Verlangen verzehrt wird und versucht, es um der Verheißung des Himmels willen zu unterdrücken. Wir haben einen physischen Körper, und er hat seine Forderungen. Diese werden durch die Gesellschaft, in der wir leben, ermutigt und beeinflußt, durch Werbungen, durch halbnackte Mädchen, durch das Beharren auf Spaß, Vergnügen, Unterhaltung und durch die Moral der Gesellschaft, die Moral der sozialen Ordnung, die Unordnung und Unmoral ist. Wir werden körperlich stimuliert, durch mehr und schmackhaftere Nahrung, durch Trinken und Television. Das ganze moderne Leben macht die Sexualität zum Brennpunkt Ihrer Aufmerksamkeit. Sie werden in jeder Weise stimuliert – durch Bücher, durch Unterhaltung, durch eine Gesellschaft, die sehr vieles zuläßt. Das alles umgibt Sie; es ist nicht gut, einfach die Augen davor zu schließen. Sie müssen diese ganze Lebensweise sehen, mit ihren absurden Glaubenssätzen und Einteilungen, und die völlige Bedeutungslosigkeit eines Lebens, das in einem Büro oder in einer Fabrik zugebracht wird. Und am Ende von allem steht der Tod. Sie müssen dieses ganze Durcheinander sehr klar sehen.

Schauen Sie nun aus dem Fenster und sehen Sie diese prachtvollen Berge, die vom Regen der letzten Nacht frisch gewaschen wurden, und jenes ungewöhnliche Licht von Kalifornien, das es nirgendwo sonst gibt. Sehen Sie die Schönheit des Lichts auf jenen Hügeln. Sie können die klare Luft förmlich riechen und die Neubelebung der Erde. Je empfänglicher Sie dafür sind, umso sensitiver empfinden Sie dieses unermeßliche, unglaubliche Licht und die Schönheit; je mehr Sie damit eins sind, umso mehr wird Ihre Wahrnehmung gesteigert. Das ist auch sinnenhaft zu verstehen, wie das Anschauen eines Mädchens. Sie können diesen Berg nicht mit den Sinnen aufnehmen und sie dann abschalten, wenn Sie das Mädchen sehen. Auf diese Art teilen Sie das Leben ein, und in dieser Trennung liegen Leid und Konflikt. Wenn Sie den Berggipfel von dem Tal trennen, sind Sie in Konflikt. Das bedeutet nicht, daß Sie den Konflikt vermeiden oder ihm entfliehen sollen, oder sich so in Sexualität oder einen anderen Trieb verlieren, daß Sie sich damit dem Konflikt entziehen. Den Konflikt zu verstehen bedeutet nicht, zu vegetieren oder wie eine Kuh zu werden.

Wer das alles versteht, ist nicht darin eingefangen, ist nicht davon abhängig. Das bedeutet, niemals irgend etwas zu verneinen, niemals zu einer Schlußfolgerung zu kommen oder irgendeinen ideologischen Zustand, ein Wortgebilde oder Prinzip zu ergreifen, nach dem Sie zu leben versuchen. Die bloße Wahrnehmung dieses ganzen Bereichs, der entfaltet wird, ist bereits Intelligenz. Und diese Intelligenz wird handeln und nicht eine Schlußfolgerung, eine Entscheidung oder ein ideologisches Prinzip.

Unsere Körper sind abgestumpft worden, ebenso wie unser Geist und unser Herz unempfindlich gemacht worden sind durch unsere Erziehung, durch unsere Anpassung an die Norm, die die Gesellschaft gesetzt hat und die die Sensitivität des Herzens verneint. Sie schickt uns in den Krieg, zerstört all unsere Schönheit, Zartheit und Freude. Die Wahrnehmung dieser Dinge, nicht verbal oder intellektuell, sondern tatsächlich, macht unseren Körper und unseren Geist in hohem Maße sensitiv. Der Körper wird dann die richtige Nahrung verlangen. Der Geist wird dann nicht durch Worte, Symbole, durch Plattitüden des Denkens eingefangen werden. Dann werden wir wissen, wie wir sowohl im Tal wie auch auf dem Gipfel des Berges zu leben haben. Dann wird es keine Trennung, keinen Widerspruch zwischen den beiden geben.

EUROPA

21

Dualität

MEDITATION IST BEWEGUNG voller Achtsamkeit. Achtsamkeit ist keine Errungenschaft, denn sie ist nichts Persönliches. Das persönliche Element stellt sich nur ein, wenn der Beobachter als das Zentrum da ist, von dem aus er sich konzentriert oder herrscht; somit ist alles Erlangen fragmentarisch und begrenzt. Achtsamkeit hat keine Schranken, keine Grenzen, die zu überschreiten sind. Achtsamkeit ist Klarheit, frei von allem Denken. Denken kann niemals Klarheit bewirken, denn das Denken hat seine Wurzeln in der toten Vergangenheit; so ist Denken eine Handlung in Unwissenheit. Dessen bewußt zu sein, ist Achtsamkeit. Bewußtheit ist keine Methode, die zur Achtsamkeit führt. Eine solche Achtsamkeit liegt noch im Bereich des Denkens und kann daher kontrolliert oder modifiziert werden; dieser Nichtachtsamkeit gewahr zu sein, ist Achtsamkeit. Meditation ist kein intellektueller Prozeß; dieser liegt noch innerhalb des Denkbereichs. Meditation ist die Freiheit vom Denken und ein Sichbewegen in der Glückseligkeit der Wahrheit.

Es schneite an diesem Morgen; ein rauher Wind blies, und die Bewegung in den Bäumen war ein Ruf nach dem Frühling. In diesem Licht hatten die Stämme der großen Buchen und der Rüstern jenes besondere Grau-grün, das man in alten Wäldern findet, wo die Erde weich ist und bedeckt von herbstlichem Laub. Unter den Bäumen wandelnd, empfandest du den Wald – nicht die einzelnen Bäume mit ihren besonderen Formen und Arten –, sondern vielmehr das Wesenhafte aller Bäume.

Plötzlich kam die Sonne heraus; gen Osten breitete sich ein weiter, blauer Himmel aus, und nach Westen hin war er mit Dunkelheit beladen. In diesem Augenblick strahlenden Sonnenscheins begann der Frühling. In der ruhigen Stille des Frühlingstages spürtest du die Schönheit der Erde und daß sie eins war mit allen Dingen darauf. Es gab keine Trennung zwischen dem Menschen und dem Baum und den wechselnden wunderbaren Farben des funkelnden Lichts auf den Stechpalmen. Der Mensch, der Beobachter hatte aufgehört, und so war auch die Trennung in Raum und Zeit aufgehoben.

Er sagte, er sei ein religiöser Mensch; er gehöre zwar keiner besonderen Organisation oder Glaubensrichtung an, aber er empfinde religiös. Natürlich hatte er die strenge Schulung der Gespräche mit all den religiösen Führern durchgemacht und hatte sie alle ziemlich verzweifelt verlassen, ohne aber ein Zyniker zu werden. Doch hatte er die Glückseligkeit, die er suchte, nicht gefunden. Er war Professor an der Universität gewesen und hatte seinen Beruf aufgegeben, um ein Leben der Meditation und des Forschens zu führen.

«Sehen Sie», sagte er, «ich bin mir immer der Zersplitterung des Lebens bewußt. Ich selbst bin ein Fragment dieses Lebens – zerbrochen, abgesondert, ständig darum kämpfend, das Ganze, ein integraler Bestandteil dieses Universums zu werden. Ich habe versucht, meine eigene Identität zu finden, denn die moderne Gesellschaft zerstört jede Individualität. Ich möchte wissen, ob es einen Weg gibt, der aus diesem Getrenntsein hinführt zu etwas, das nicht gespalten und getrennt werden kann.»

Wir haben das Leben eingeteilt in Familie und Gemeinschaft, in Familie und Nation, in Familie und Büro, in politisches und religiöses Leben, in Frieden und Krieg, Ordnung und Unordnung – eine endlose Teilung in Gegensätze. Diesen engen Stollen wandern wir entlang und versuchen eine Harmonie zwischen Geist und Herz zustandezubringen, versuchen das Gleichgewicht zwischen Liebe und Mißgunst zu halten. Das alles kennen wir nur zu gut und versuchen daraus eine Art von Harmonie herzustellen.

Wie kommt diese Einteilung zustande? Offensichtlich gibt es Einteilung, Kontrast: schwarz und weiß, Mann und Frau und so fort – aber welches ist der Ursprung, das Wesentliche dieser Aufsplitterung? Wenn wir es nicht herausfinden, ist die Aufteilung unvermeidlich. Was halten Sie für die Grundursache dieser Dualität?

«Ich kann viele Ursachen für diese anscheinend endlose Einteilung angeben und viele Wege, auf denen man versucht hat, eine Brücke zwischen den Gegensätzen zu schlagen. Intellektuell kann ich die Gründe für diese Einteilung darlegen, aber es führt zu nichts. Ich habe dieses Spiel oft gespielt – mit mir selbst und mit anderen. Ich habe durch Meditation, durch Willensübung versucht, die Einheit der Dinge zu erfühlen, eins zu sein mit jeglichem Ding – aber es ist ein unfruchtbarer Versuch.»

Natürlich hebt die bloße Entdeckung der Ursache der Trennung nicht notwendigerweise diese Trennung auf. Man kennt die Ursache der Furcht, aber man bleibt weiterhin furchtsam. Die intellektuelle Untersuchung verliert das Unmittelbare ihres Tuns, wenn auf die Schärfe des Denkens besonderer Wert gelegt wird. Die Aufteilung in das Ich und das Nicht-Ich ist sicherlich die Grundursache dieser Trennung, obgleich das Ich versucht, sich mit dem Nicht-Ich zu identifizieren, wozu die Frau, die Familie, die Gemeinschaft gehören mag oder das Schema von Gott, das vom Denken gemacht ist. Das Ich strebt immer danach, eine Identität zu finden, aber das, womit es sich identifiziert, bleibt weiterhin ein Begriff, eine Erinnerung, eine Denkstruktur.

Gibt es überhaupt Dualität? Objektiv gibt es sie, wie Licht und Schatten, aber gibt es sie auch psychologisch? Wir akzeptieren die psychologische Dualität, wie wir die objektive Dualität annehmen; es gehört zu unserem Bedingtsein. Wir stellen dieses Bedingtsein niemals in Frage. Aber gibt es psychologisch eine Trennung? Es gibt nur das, was ist, nicht das, was sein sollte. Das, was sein sollte, ist eine Trennung, die das Denken zustandegebracht hat, um der Realität des unmittelbar Gegebenen auszuweichen oder sie zu überwinden. Daher der Kampf zwischen dem Aktuellen und der Abstraktion. Die Abstraktion ist das Wirklichkeitsfremde, das Romantische, das

Ideal. Das Aktuelle ist nur das, was ist, und alles andere ist nicht-wirklich. Das Nicht-Wirkliche bringt die Zersplitterung hervor, nicht das Aktuelle. Schmerz ist aktuell; in der Schmerzlosigkeit findet das Denken Gefallen daran, die Trennung zwischen dem Schmerz und dem Zustand der Schmerzlosigkeit vorzunehmen. Denken trennt immer; es ist die Zeiteinteilung, der Raum zwischen dem Beobachter und dem beobachteten Objekt. Es gibt nur das, was ist, und zu sehen, was ist, ohne das Denken als den Beobachter, ist das Ende der Zersplitterung.

Denken ist nicht Liebe; aber das Denken schließt Liebe als Genuß ein und bringt in dieser Einengung Schmerz mit sich. In der Verneinung dessen, was nicht ist, bleibt das, was ist. In der Negation dessen, was nicht Liebe ist, tritt Liebe in Erscheinung, in der das Ich und das Nicht-Ich erlöschen.

22

Raum

Unschuld und Weite bringen die Meditation zur Entfaltung. Es gibt keine Unschuld ohne Raum. Unschuld ist keine Unreife. Man mag physisch reif sein, aber der weite Raum, der zur Liebe gehört, ist nur möglich, wenn der Geist von den vielen Spuren der Erfahrung frei ist. Diese Narben der Erfahrung verhindern die Unschuld. Den Geist von dem ständigen Druck der Erfahrung zu befreien, ist Meditation.

Gerade jetzt, da die Sonne untergeht, entsteht eine seltsame Ruhe und das Gefühl, daß alles ringsherum zu einem Ende gekommen ist, obgleich der Bus, das Taxi und die Geräusche weitergehen. Dieses Gefühl des Entrücktseins scheint das ganze Universum zu durchdringen. Ein jeder muß dieses Gefühl kennen. Oft kommt es ganz unerwartet; eine seltsame Stille und ein Frieden scheinen vom Himmel herabzuströmen und die Erde einzuhüllen. Es ist eine Beglückung, und sie läßt die Schönheit des Abends unbegrenzt sein. Die nach dem Regen blanke Straße, die wartenden Autos, der leere Park scheinen Teil davon zu sein; und das Lachen des vorübergehenden Paares stört in keiner Weise den Frieden des Abends.

Die kahlen Bäume, schwarz gegen den Himmel, mit ihren zarten Zweigen, warteten auf den Frühling, und er lauerte schon hinter der nächsten Ecke voller Eile, ihren Wunsch zu erfüllen. Neues Gras wuchs bereits, und die Fruchtbäume standen in Blüte. Das Land wurde langsam wieder lebendig, und von der Kuppe des Hügels konnte man die Stadt mit vielen, vielen Kuppeln sehen, eine immer stolzer und höher als die andere. Man konnte die flachen Wipfel der Pinien sehen, und das Abendlicht lag auf den Wolken. Der ganze Horizont schien angefüllt von diesen Wolken, Kette um Kette türmte sich in den fantastischsten Formen gegen die Berge empor, Burgen gab es, wie sie der Mensch nie gebaut hatte. Da waren tiefe Abgründe und steil aufragende Bergspitzen. Diese Wolken waren alle von einer dunklen, roten Glut erhellt, und einige von ihnen schienen in Flammen zu stehen, nicht durch die Sonne, sondern von innen heraus.

Diese Wolken schufen nicht den Raum; sie waren in dem Raum, der sich ins Unendliche zu erstrecken schien, von Ewigkeit zu Ewigkeit.

Eine Amsel sang ganz nahe in einem Busch, und das war ewige Glückseligkeit.

Es waren drei oder vier, die ihre Frauen mitgebracht hatten, und wir saßen alle auf dem Fußboden. Von dieser Lage aus waren die Fenster zu hoch, um den Garten oder die gegenüberliegende Mauer zu sehen. Sie waren alle Geistesarbeiter. Der eine sagte, er wäre ein Wissenschaftler, ein anderer ein Mathematiker, wieder ein anderer ein Ingenieur. Sie waren Spezialisten, die nicht ihre Grenzen überfluteten wie der Fluß nach schwerem Regen. Es ist das Überfluten, das den Boden bereichert.

Der Ingenieur fragte: «Sie haben oft über den Raum gesprochen, und wir alle sind daran interessiert, zu erfahren, was Sie damit meinen. Die Brücke überspannt den Raum zwischen zwei Ufern oder zwischen zwei Bergen. Raum entsteht durch einen Staudamm, der durch Wasser gefüllt wird. Raum liegt zwischen uns und dem ausgedehnten Universum. Raum ist zwischen Ihnen und mir. Ist es das, was Sie meinen?»

Die anderen sekundierten die Frage; sie mußten darüber gesprochen haben, bevor sie kamen. Einer sagte: «Ich könnte es anders ausdrücken, mit mehr wissenschaftlichen Begriffen, aber es kommt mehr oder weniger auf dasselbe heraus.»

Es gibt Raum, der einteilt und einschließt, und Raum, der unbegrenzt ist. Der Raum zwischen Mensch und Mensch, in welchem das Unheil wächst, ist der begrenzte Raum der Teilung; da ist die Trennung zwischen Ihnen, so wie Sie sind und dem Leitbild, das Sie von sich haben; da ist die Trennung zwischen Ihnen und Ihrer Frau; da ist eine Kluft zwischen dem, was Sie sind und der Idealvorstellung, wie Sie sein sollten; da ist der Abstand zwischen den Hügeln. Und dann gibt es die Schönheit des Raumes, der ohne die Begrenzung durch Zeit und Form ist.

Gibt es Raum zwischen Gedanken und Gedanken? Zwischen Erinnerungen? Zwischen Handlungen? Oder gibt es überhaupt keinen Raum zwischen Gedanken und Gedanken? Zwischen Vernunft und Vernunft? Zwischen Gesundheit und Krankheit? Zwischen der Ursache, die zur Wirkung wird, und der Wirkung, die zur Ursache wird?

Wenn es einen Bruch zwischen Gedanken und Gedanken gäbe, dann wäre der Gedanke immer neu, aber weil es keinen Bruch, keinen Zwischenraum gibt, ist alles Denken alt. Man mag sich der Fortdauer eines Gedankens nicht bewußt sein; Sie mögen ihn eine Woche später, nachdem Sie ihn haben fallen lassen, wieder aufgreifen, aber er hat sich innerhalb der alten Grenzen ausgewirkt.

So liegt das ganze Bewußtsein, sowohl das bewußte wie das unbewußte – ein unglückliches Wort, das wir aber gebrauchen müssen –, innerhalb des begrenzten, engen Raumes der Tradition, der Kultur, Gewohnheit und

Erinnerung. Die Technologie mag Sie zum Mond bringen, Sie mögen eine Brücke bauen, die sich über einen Abgrund schwingt, oder eine gewisse Ordnung innerhalb des begrenzten Raumes der Gesellschaft zustandebringen, aber auch das wird wiederum Unordnung schaffen.

Raum besteht nicht nur jenseits der vier Wände dieses Zimmers; da ist auch der Raum des Zimmers selbst. Es gibt den umgrenzenden Raum, den Bereich, den der Beobachter um sich erzeugt, durch den er das Beobachtete sieht – das wiederum einen Wirkungskreis um sich selbst schafft.

Wenn der Beobachter auf die abendlichen Sterne schaut, ist sein Raum begrenzt. Er mag fähig sein, durch ein Teleskop über viele tausend Lichtjahre hinaus zu schauen, aber er ist der Erzeuger des Raumes, der daher begrenzt ist. Der Abstand zwischen dem Beobachter und dem Beobachteten ist Raum und die Zeit, die diesen Raum überspannt.

Es gibt nicht nur den physischen Raum, sondern auch die psychologische Dimension, in der das Denken als gestern, heute und morgen enthalten ist. Solange ein Beobachter besteht, ist Raum der enge Gefängnishof, in dem es überhaupt keine Freiheit gibt.

«Aber wir würden gerne wissen, ob Sie versuchen, Raum ohne den Beobachter begreiflich zu machen. Das scheint völlig unmöglich zu sein, oder es mag Ihrerseits eine Einbildung sein.»

Freiheit gibt es nicht innerhalb des Gefängnisses, so komfortabel und ausgeschmückt es auch sein mag. Wenn man über Freiheit spricht, kann es unmöglich innerhalb der Grenzen der Erinnerung, des Wissens und der Erfahrung geschehen. Freiheit verlangt, daß Sie die Gefängnismauern zerbrechen, obgleich Sie an der begrenzten Unordnung, der begrenzten Versklavung und der Plackerei innerhalb dieser Grenzen Ihre Freude haben mögen.

Freiheit ist nicht relativ; entweder ist Freiheit da oder sie ist nicht da. Wenn sie nicht besteht, muß man das enge, begrenzte Leben mit seinen Konflikten, Leiden und Schmerzen akzeptieren – mit den kleinen Änderungen, die man hier und da zustandebringt.

Freiheit ist unendlicher Raum. Durch den Mangel an Raum entsteht Gewalttätigkeit – wie bei dem raubgierigen Menschen und dem Vogel, der seinen Raum, sein Territorium beansprucht, für das er kämpfen wird. Die Gewalt mag unter dem Gesetz und dem Polizisten relativ sein, gerade so wie der begrenzte Raum, den die raubgierigen Menschen und die Vögel kämpfend fordern, deren Gewalttätigkeit beschränkt. Wegen des begrenzten Raumes zwischen Mensch und Mensch muß Aggression herrschen.

«Versuchen Sie uns deutlich zu machen, daß der Mensch immer in Konflikt mit sich und der Welt sein wird, solange er innerhalb des Bereichs lebt, den er selbst geschaffen hat?»

Ja, mein Herr. So gelangen wir zu dem zentralen Problem der Freiheit. Innerhalb der engen Kultur der Gesellschaft gibt es keine Freiheit, und weil es keine Freiheit gibt, besteht Unordnung. Indem der Mensch in dieser Unordnung lebt, sucht er Freiheit in Ideologien, in Theorien, in dem, was er Gott nennt. Diese Flucht ist keine Freiheit; sie ist wiederum der Gefängnishof, der den Menschen vom Menschen trennt. Kann das Denken, das diese Beschränkung selbst verursacht hat, zu einem Ende kommen, kann es diese Struktur niederbrechen und darüber hinausgelangen? Offensichtlich kann es das nicht, und das ist der erste Faktor, den man sehen muß. Der Intellekt kann unmöglich eine Brücke zwischen sich und der Freiheit schlagen. Das Denken, das die Reaktion der Erinnerung, Erfahrung und des Wissens ist, ist immer alt, so wie es der Intellekt ist, und das Alte kann keine Brükke zu dem Neuen bauen. Das Denken ist im wesentlichen der Beobachter mit seinen Vorurteilen, Ängsten und seiner Unruhe, und dieses Denk-Bild schafft wegen seiner Isolierung offensichtlich eine Sphäre um sich selbst. So besteht ein Abstand zwischen dem Beobachter und dem Beobachteten. Der Beobachter versucht in seinen Beziehungen diesen Abstand aufrechtzuerhalten – und dadurch entstehen Konflikt und Gewalt.

Das alles ist keine Phantasie. Einbildung in jeder Form zerstört die Wahrheit. Freiheit ist jenseits des Denkens;

Freiheit bedeutet unendlichen Raum, der nicht durch den Beobachter geschaffen wurde. Das Erlangen dieser Freiheit ist Meditation.

Es gibt keinen Raum ohne Schweigen, und Schweigen liegt außerhalb von Zeit und Denken. Zeit wird niemals Freiheit schenken; Ordnung ist nur möglich, wenn das Herz nicht von Worten überdeckt wird.

23

Leid

Ein meditativer Geist ist still. Es ist nicht die Stille, die sich das Denken ersinnen kann; es ist nicht die Stille eines ruhigen Abends; die Stille ist da, wenn das Denken mit all seinen Bildern, seinen Worten und Vorstellungen gänzlich aufgehört hat. Dieser meditative Geist ist der religiöse Geist, dessen Religion nicht durch Kirchen, Tempel oder Gesänge berührt wird.

Im religiösen Menschen kommt die Liebe zum Ausbruch. Es ist diese Liebe, die keine Trennung kennt. Für sie ist das Ferne nah. Sie ist nicht das eine oder die Menge, sondern vielmehr jener Zustand der Liebe, in dem alle Trennung aufhört. Gleich der Schönheit kann sie nicht mit Worten gemessen werden. Nur aus dieser Stille handelt der meditative Mensch.

Es hatte am Tage zuvor geregnet, und am Abend war der Himmel voller Wolken. Die Berge in der Ferne waren mit wunderbaren Wolken bedeckt, voller Helligkeit, und während man hinschaute, wechselten sie ihre Formen.

Die untergehende Sonne mit ihrem goldenen Licht berührte nur einen oder zwei Wolkenberge, aber diese Wolken erschienen so kraftvoll wie die dunkle Zypresse. Während man sie anschaute, wurde man auf natürliche Weise still. Der weite Raum und der einsame Baum auf dem Hügel, die entfernte Kuppel und das Sprechen, das ringsherum weiterging, das alles war Teil dieser Stille. Man wußte, daß es am nächsten Morgen schön sein würde, denn der Sonnenuntergang war rot. Und es war wunderschön; keine Wolke war am Himmel, und der Himmel war tiefblau. Die gelben Blumen und der weißblühende Baum gegen die dunkle Hecke der Zypressen und der Duft des Frühlings erfüllten das Land. Der Tau lag auf dem Gras, und langsam kam der Frühling aus der Dunkelheit.

Er sagte, daß er gerade seinen Sohn verloren habe, dieser hätte eine gute Stellung gehabt und wäre bald einer der Direktoren einer großen Gesellschaft geworden. Er stand noch unter dem Schock des Ereignisses, aber er hatte große Gewalt über sich. Er war nicht der Typ, der jammerte – Tränen würden ihm nicht leicht kommen. Er war sein Leben lang durch harte Arbeit in einer nüchternen Technologie geschult worden. Er war kein phantasiereicher Mensch, und die komplexen, feinen psychologischen Probleme des Lebens hatten ihn kaum berührt.

Der kürzliche Tod seines Sohnes war ein uneingestandener Schlag. Er sagte: «Es ist ein trauriges Ereignis.»

Diese Traurigkeit war etwas Schreckliches für seine Frau und seine Kinder. «Wie kann ich ihnen die Beendigung des Leides klarmachen, über die Sie gesprochen haben? Ich selbst habe studiert und kann es vielleicht verstehen, aber wie sollen es die anderen verstehen, die auch davon betroffen sind?»

Leid ist in jedem Haus, hinter jeder Ecke. Jeder Mensch hat diesen überwältigenden Kummer, der durch so viele Ereignisse und Geschehnisse verursacht wird. Leid scheint wie eine unendliche Woge, die auf den Menschen zukommt und ihn fast erstickt; und aus dem Jammer entsteht Bitternis und Zynismus.

Gilt das Leid Ihrem Sohn oder Ihnen selbst oder dem Bruch Ihres eigenen Fortbestandes durch Ihren Sohn? Ist Ihr Leid Selbstbemitleidung? Oder leiden Sie, weil Ihr Sohn im weltlichen Sinne so vielversprechend war?

Wenn es Selbstbemitleidung ist, dann muß dieses Sich-wichtig-Nehmen, dieser isolierende Faktor im Leben –

obgleich der äußere Schein der Beziehungen gewahrt bleibt – unvermeidlich Elend hervorrufen. Dieser isolierende Prozeß, diese Aktivität des Eigeninteresses im täglichen Leben, dieser Ehrgeiz, dieses Betätigen des Eigendünkels, diese zur Trennung neigende Lebensführung, ob man ihrer bewußt ist oder nicht, muß die Einsamkeit hervorbringen, der wir auf so verschiedene Weise zu entrinnen trachten. Selbstmitleid ist der Schmerz der Einsamkeit, und dieser Schmerz wird Leid genannt.

Dann gibt es auch das Leid durch Unwissenheit – nicht die Unwissenheit aus Mangel an Bücherwissen oder technischen Kenntnissen oder der Mangel an Erfahrung, sondern die Unwissenheit, die wir hingenommen haben als Zeit, als Evolution, als die Entwicklung von dem, was ist, zu dem, was sein sollte – die Unwissenheit, die uns die Autorität mit ihrer ganzen Gewaltsamkeit hinnehmen läßt, die Unwissenheit der Anpassung mit ihren Gefahren und Schmerzen, die Unwissenheit über die eigene innere Struktur. Das ist das Leid, das der Mensch ausgebreitet hat, wo auch immer er gewesen ist.

So müssen wir uns darüber klar sein, was es mit dem, das wir Leid nennen, auf sich hat – Leid, das Gram ist, der Verlust dessen, was das vermeintlich Gute war, das Leid der Unsicherheit und das ständige Verlangen nach Sicherheit. Worin von alledem sind Sie eingefangen? Solange das nicht klar ist, gibt es kein Aufhören des Leides.

Diese Klarheit ist keine verbale Erklärung, noch ist sie das Resultat einer klugen, intellektuellen Analyse. Sie müssen sich ganz klar darüber sein, welcher Art Ihr Leid ist – so klar und deutlich, wie Sie sinnenhaft der Berührung dieser Blume gewahr werden.

Wie können Sie das Leid beenden, ohne diesen ganzen Leidensweg zu verstehen? Sie können dem entrinnen, indem Sie in den Tempel oder in die Kirche gehen oder einen Drink nehmen – aber alle Fluchtwege, sei es zu Gott oder in die Sexualität, sind sich gleich, denn sie heben das Leid nicht auf.

So müssen Sie die Landkarte des Leides vor sich ausbreiten und jedem Pfad und jeder Straße nachspüren. Wenn Sie der Zeit erlauben, diese Karte zu überdecken, dann wird die Zeit die Brutalität des Leides verstärken. Sie müssen diese ganze Karte mit einem Blick überschauen – das Ganze sehen und dann das einzelne, nicht zuerst das einzelne und dann das Ganze. Damit das Leid aufhört, muß die Zeit zu einem Ende kommen.

Leid kann nicht durch Denken enden. Wenn die Zeit aufhört, dann hört das Denken als die Basis des Leides auf. Es ist das Denken und die Zeit, die einteilen und trennen, und Liebe hat nichts mit Denken oder Zeit zu tun.

Sehen Sie auf das ausgebreitete Leid nicht mit den Augen der Erinnerung; lauschen Sie seinem Geflüster; leben Sie es, denn Sie sind sowohl der Beobachter wie das Beobachtete. Dann nur kann das Leid aufhören. Es gibt keinen anderen Weg.

24

Selbstzerstörung

Meditation ist niemals Gebet. Gebet, Bittgesuche werden aus Selbstmitleid geboren. Man betet, wenn man in Schwierigkeiten ist, wenn man leidet; aber wenn man glücklich, voller Freude ist, dann gibt es keinen Bittgang. Dieses Selbstmitleid, das so tief in den Menschen eingebettet ist, ist die Wurzel des Trennenden. Das, was abgesondert ist oder sich so empfindet, das, was sich immer mit etwas zu identifizieren sucht, das nicht abgesondert ist, bringt nur mehr Teilung und Schmerz. Aus dieser Verwirrung ruft man den Himmel an oder seinen Ehemann oder irgendeine Gottheit. Dieser Ruf mag eine Antwort finden, aber die Antwort ist das Echo des Selbstmitleides in seiner Abspaltung.

Die Wiederholung von Worten, von Gebeten ist selbsthypnotisch, man umzäunt sich und wird zerstört. Die Isolierung des Denkens liegt immer im Bereich des Bekannten, und die Antwort auf das Gebet ist die Reaktion des Bekannten.

Meditation ist weit davon entfernt. In ihren Bereich kann das Denken nicht eindringen; dort gibt es keine Trennung und damit keine Identität. Meditation ist unverhüllt; Heimlichkeit hat darin keinen Platz. Alles ist offen, klar; dann ist die Schönheit der Liebe da.

Es war ein Vorfrühlingsmorgen mit ein paar flockigen Wolken, die ruhig von Westen her den blauen Himmel überquerten. Ein Hahn begann zu krähen, und es war seltsam, ihn in einer menschenüberfüllten Stadt zu hören. Er begann früh, und für nahezu zwei Stunden blieb er dabei, die Ankunft des Tages zu verkünden. Die Bäume waren noch kahl, aber feine, zarte Blätter waren sichtbar gegen den klaren Morgenhimmel.

Wenn du sehr ruhig wärest, ohne daß irgendein Gedanke durch den Kopf schwirrte, könntest du gerade noch den dunklen Glockenton einer Kathedrale hören. Sie muß weit entfernt gewesen sein, und in den kurzen Ruhepausen zwischen den Hahnrufen konntest du diese Tonschwingungen hören, wie sie herankamen und sich wieder entfernten; du wurdest fast von ihnen getragen – da sie hinwegschwebten und in der Unermeßlichkeit verschwanden. Das Krähen des Hahnes und der tiefe Klang der fernen Glocke hatten eine seltsame Wirkung. Der Lärm der Stadt hatte noch nicht begonnen. Nichts war da, um den reinen Klang zu unterbrechen. Du hörtest ihn nicht mit den Ohren, du hörtest ihn mit dem Herzen, nicht mit dem Gedanken, der die «Glocke» und den «Hahn» kennt – es war reiner Klang. Er kam aus dem Schweigen, und das Herz griff ihn auf und ging mit ihm von Ewigkeit zu Ewigkeit. Es war kein organisierter Klang wie die Musik; es war nicht der Nachhall zwischen zwei Noten; es war nicht der Schall, der im Ohr liegt, wenn man aufgehört hat zu reden. All diese Klänge werden vom Verstand oder vom Ohr gehört. Wenn man mit dem Herzen hört, ist die Welt davon erfüllt, und die Augen sehen klar.

Sie war eine junge Dame, gut aufgemacht, das Haar kurz geschnitten, höchst leistungsfähig und tüchtig. Nach dem, was sie sagte, hatte sie keine Illusionen über sich selbst. Sie hatte Kinder und war in gewisser Weise ernsthaft. Vielleicht war sie etwas romantisch und sehr jung, aber für sie hatte der Orient seine Aura des Mystischen verloren, und das war auch recht so. Sie sprach einfach, ohne jede Hemmung.

«Ich glaube, ich beging vor langer Zeit, als sich ein bestimmter Vorfall ereignete, Selbstmord. Mit diesem Ereignis endete mein Leben. Natürlich habe ich äußerlich weitergemacht, mit den Kindern und all dem übrigen, aber ich habe aufgehört zu leben.»

Glauben Sie nicht, daß die meisten Menschen wissentlich oder unwissentlich ständig Selbstmord begehen? Die äußerste Form ist ein Sprung aus dem Fenster. Aber es beginnt wahrscheinlich, wenn der erste Widerstand, die erste Frustration auftauchen. Wir bauen eine Mauer um uns, hinter der wir unser eigenes, abgesondertes Leben führen – obgleich wir Ehemänner, Ehefrauen und Kinder haben mögen. Dieses abgesonderte Leben ist selbstmörderisch, und das ist die anerkannte Moral der Religion und Gesellschaft. Die Handlungen der Abspaltung gehören zu einer fortlaufenden Kette und führen zum Krieg und zur Selbstzerstörung. Absonderung ist Selbstmord – des Individuums oder der Gesellschaft oder der Nation. Jedermann wünscht ein Leben der Selbstbestätigung, der egozentrischen Aktivität zu führen, ein Leben der Gleichschaltung, das durch Selbsteinkapselung Leid mit sich bringt. Es ist Selbstmord, wenn Glaube und Dogma Sie fest an der Hand haben. Vor dem Ereignis investierten Sie Ihr Leben und alles, was dazu gehört, in den Einen gegen die Vielen, und wenn der Eine stirbt oder der Gott zerstört wird, ist Ihr Leben auch dahin, und Sie haben nichts, für das Sie leben können. Wenn Sie sehr klug sind, erfinden Sie einen Sinn des Lebens – was die Experten immer getan haben –, aber wenn Sie sich diesem Sinn überlassen haben, begehen Sie bereits Selbstmord. Jedes Gebundensein ist Selbstzerstörung, sei es im Namen Gottes oder im Namen des Sozialismus oder einer anderen Sache.

Sie, Madame – und das ist nicht grausam gemeint –,

hörten auf zu leben, weil Sie nicht erlangen konnten, was Sie haben wollten, oder es wurde Ihnen weggenommen, oder Sie wünschten durch eine besondere, eigene Tür zu gehen, die fest verschlossen war. So wie Leid und Lust Selbstabkapselung bewirken, bringen Billigung und Hartnäckigkeit das eigene Dunkel der Absonderung mit sich. Wir leben nicht, wir begehen ständig Selbstmord. Leben beginnt, wenn der Akt des Selbstmords endet.

«Ich verstehe, was Sie meinen. Ich sehe, was ich getan habe; aber was soll ich jetzt tun? Wie kann ich nach den langen Jahren des Todes zurückkommen?»

Sie können nicht zurückkommen; wenn Sie zurückkämen, würden Sie der alten Schablone folgen, und das Leid würde Sie verfolgen wie eine Wolke, die vom Wind getrieben wird. Das einzige, was Sie tun können, ist, zu erkennen, daß Sie sich der tödlichen Absonderung aussetzen, wenn Sie ein Eigenleben führen, abgesondert, im Verborgenen, mit dem Verlangen nach ständigem Genuß. In der Absonderung gibt es keine Liebe. Liebe hat keine Identität. Der Genuß und das Suchen danach bilden die einzäunende Trennungsmauer. Es gibt keinen Tod, wenn alle Bindungen aufhören. Selbsterkennen ist die offene Tür.

25

Beziehungslosigkeit

In der Meditation hört das Wort auf. Schweigen wird nicht durch ein Wort bewirkt, durch das Wort, das Gedanke ist. Die Handlung aus dem Schweigen ist von der Handlung, die aus dem Worte kommt, völlig verschieden. Meditation ist die Befreiung des Geistes von allen Symbolen, Bildern und Erinnerungen.

An diesem Morgen wiegten sich die schlanken Pappeln mit ihren frischen jungen Blättern im leichten Wind. Es war ein Frühlingsmorgen, und die Hügel waren mit blühenden Mandelbäumen, Kirsch- und Apfelbäumen bedeckt. Die ganze Erde war ungeheuer lebendig. Die Zypressen waren würdevoll und reserviert, aber die blühenden Bäume berührten sich von Zweig zu Zweig, und die Reihen der Pappeln warfen tanzende Schatten. Neben der Straße war fließendes Wasser, das schließlich zu dem altbekannten Fluß werden würde.

Wohlgeruch lag in der Luft, und jeder Hügel unterschied sich von den anderen. Auf einigen von ihnen standen Häuser, umgeben von Oliven und Reihen von Zypressen, die zum Hause hinführten. Die Straße wand sich durch alle diese sanften Hügel.

Es war ein strahlender Morgen voll intensiver Schönheit, und irgendwie war der starke Wagen nicht fehl am Platz. Es schien eine außerordentliche Ordnung zu herrschen, aber natürlich war innerhalb eines jeden Hauses Unordnung – Mensch gegen Mensch intrigierend, schreiende oder lachende Kinder; die ganze Kette des Elends erstreckte sich ungesehen von Haus zu Haus. Frühling, Herbst und Winter durchbrachen niemals diese Kette.

Aber dieser Morgen war wie eine Neugeburt. Diese zarten Blätter kannten nicht den Winter, noch den kommenden Herbst; sie waren verletzlich und daher unschuldig.

Vom Fenster aus konnte man die alte Kuppel der gestreiften marmornen Kathedrale sehen und den vielfarbigen Glockenturm; und im Innern waren die dunklen Symbole von Leid und Hoffnung. Es war wirklich ein lieblicher Morgen, aber seltsamerweise gab es nur wenig Vögel; denn hier töteten die Menschen sie zum Vergnügen und ihr Gesang war sehr gedämpft.

Er war ein Künstler, ein Maler. Er sagte, daß er ein Talent dafür hätte, so wie ein anderer ein Talent für den Brückenbau haben mag. Er hatte langes Haar, zarte Hände und war eingeschlossen in den Traum seiner eigenen Begabung. Er würde daraus hervortreten – reden, erklären – und dann in seine Höhle zurückkehren. Er sagte, daß sich seine Bilder verkauften und daß er mehrere Einmann-Ausstellungen gehabt hätte. Er war sichtlich stolz darauf, und seine Stimme bestätigte es.

Da ist die Armee innerhalb der Mauern ihrer eigenen Interessen; und der Geschäftsmann, umgeben von Stahl und Glas; und die Hausfrau, die im Hause herumhantiert und auf ihren Ehemann und die Kinder wartet. Da ist der Museumsaufseher und der Orchesterdirigent, von denen jeder in einem Teilbereich des Lebens lebt, wobei jedes Bruchstück außerordentlich wichtig wird, ohne Beziehung, im Widerspruch zu anderen Bruchstücken, und jedes hat sein eigenes Ehrgefühl, seine eigene soziale Würde, seine eigenen Propheten. Das religiöse Fragment hat keine Beziehung zur Fabrik und die Fabrik keine zum Künstler; der General ist ohne Beziehung zu den Soldaten, wie der Priester ohne Beziehung zum Laien ist. Die Gesellschaft ist aus diesen Fragmenten zusammengesetzt, und der Weltverbesserer und der Reformer versuchen die zerbrochenen Stücke zusammenzuflicken. In diesen abgespaltenen, zerbrochenen, spezialisierten Teilen lebt der Mensch dahin mit seinen Ängsten, seiner Schuld und seinen Sorgen. Darin sind wir alle verbunden, nicht aber in unseren spezialisierten Bereichen.

In der Gier, im Haß und in der Aggression sind die Menschen verbunden, und aus dieser Gewalt baut sich die Kultur, die Gesellschaft auf, in der wir leben. Verstand und Gefühl sind es, die trennen – Gott und Haß, Liebe und Gewalt – und in dieser Dualität entfaltet und verengt sich die ganze Kultur des Menschen.

Die Einheit des Menschen liegt in keiner der Strukturen, die der menschliche Geist erfunden hat. Kooperation liegt nicht in der Natur des Intellekts. Zwischen Liebe und Haß kann es keine Einheit geben, und doch ist es das, was der Mensch zu finden und herzustellen sucht. Einheit liegt völlig außerhalb dieses Bereiches, und das Denken kann sie nicht erreichen.

Das Denken hat diese Kultur der Aggression, des Wettstreites und des Krieges aufgebaut, und zugleich greift dieses selbe Denken nach Ordnung und Frieden. Aber das Denken wird niemals Ordnung und Frieden erlangen, es mag tun, was es will. Das Denken muß schweigen, damit Liebe sein kann.

26

Revolte

DER MENSCH, der sich vom Bekannten befreit, ist im Zustand der Meditation. Das Gebet geht vom Bekannten zum Bekannten; es mag Resultate erzielen, aber es verharrt im Bereich des Bekannten – und das Bekannte ist der Konflikt, das Elend und die Verwirrung. Meditation ist die völlige Ablehnung alles dessen, was der Geist angehäuft hat. Das Bekannte ist der Beobachter, und der Beobachter sieht nur durch das Bekannte. Das Vorstellungsbild ist das Produkt der Vergangenheit, und Meditation ist das Aufhören der Vergangenheit.

Es war ein leidlich großer Raum, von dem aus man einen Garten mit vielen Zypressen überblickte, die eine Hecke bildeten, und dahinter war ein Kloster mit rotem Dach. Früh am Morgen, vor dem Sonnenaufgang, brannte dort ein Licht, und man konnte die Mönche herumgehen sehen. Es war ein sehr kalter Morgen. Der Wind blies von Norden, und der hohe Eukalyptus, der über jeden anderen Baum und über das Haus hinausragte, schwankte höchst unwillig im Winde. Er liebte die leichten Winde, die von der See kamen, weil sie nicht zu gewaltsam waren, und er hatte Freude an der Schönheit seiner sanften Bewegung. Er stand dort am frühen Morgen, und er stand dort, wenn die Sonne unterging und fing das Abendlicht auf, und irgendwie vermittelte er die Zuverlässigkeit der Natur. Er gab allen Bäumen und Büschen und kleinen Pflanzen das Gefühl der Sicherheit. Es mußte ein sehr alter Baum sein. Aber der Mensch schaute ihn niemals an. Er würde ihn, wenn nötig, fällen, um ein Haus zu bauen, und niemals seinen Verlust empfinden; denn in diesem Lande werden Bäume nicht geachtet, und die Natur nimmt keinen besonderen Platz ein, ausgenommen vielleicht als Dekoration. Die prächtigen Villen mit ihren Gärten hatten Bäume, die die anmutigen Bögen der Häuser zur Schau stellten. Aber dieser Eukalyptus war für kein Haus dekorativ. Er stand für sich allein, wunderbar ruhig und voll stiller Bewegung; und das Kloster mit seinem Garten und das Zimmer mit seinem eingefriedeten grünen Platz lagen in seinem Schatten. Er war da, Jahr für Jahr, und lebte in seiner eigenen Würde.

Es waren mehrere Leute im Raum. Sie waren gekommen, um ein Gespräch fortzuführen, das ein paar Tage zuvor begonnen hatte. Es waren hauptsächlich junge Leute, einige mit langem Haar, andere mit Bärten, engen Hosen, sehr kurzen Röcken, gefärbten Lippen und aufgetürmten Haaren.

Die Unterhaltung war zunächst sehr oberflächlich; sie waren sich ihrer selbst nicht ganz sicher oder wußten nicht, wohin diese Unterhaltung führen würde. «Natürlich können wir die etablierte Ordnung nicht anerkennen», sagte einer von ihnen, «aber wir sind darin eingefangen. Welche Beziehung haben wir zu der älteren Generation und ihrem Tun?»

Bloße Revolte ist nicht die Antwort, nicht wahr? Revolte ist eine Reaktion, eine Erwiderung, die ihre eigene Beschränkung hervorbringen wird. Jede Generation ist durch die vergangene Generation bedingt, und bloß gegen dieses Bedingtsein zu rebellieren, befreit nicht den Menschen, der dieser Beschränkung unterliegt. Jede Form von Gehorsam ist gleichfalls ein Widerstand, der Gewalt mit sich bringt. Gewaltsamkeit unter den Studenten oder Tumulte in den Städten oder Krieg, ob weit von Ihnen entfernt oder in Ihnen selbst, wird in keiner Weise Klarheit bringen.

«Aber wie sollen wir innerhalb der Gesellschaft, zu der wir gehören, handeln?»

Wenn Sie als Reformer handeln, dann flicken Sie die Gesellschaft zusammen, die ständig degeneriert, und unterstützen dadurch ein System, das Kriege, Spaltung und Trennung hervorgebracht hat. Der Reformer ist in Wirklichkeit eine Gefahr für die fundamentale Verwandlung des Menschen. Sie müssen ein Außenseiter aller Gemeinschaften, aller Religionen und der Gesellschaftsmoral sein, sonst werden Sie durch die gleiche alte Schablone gefesselt werden, vielleicht etwas modifiziert.

Sie sind nur dann ein Außenseiter, wenn Sie aufhören, neidisch und lasterhaft zu sein, aufhören, den Erfolg oder seinen Herrschaftsanspruch anzubeten. Psychologisch ein Außenseiter zu sein, ist nur möglich, wenn Sie sich selbst als Teil Ihrer Umwelt verstehen, als Teil der sozialen Struktur, die Sie selbst aufgebaut haben – denn Sie sind die vielen Einzelwesen vieler Jahrtausende, die vielen, vielen Generationen, die die Gegenwart geschaffen haben. Indem Sie sich selbst als menschliches Wesen begreifen, werden Sie Ihre Beziehung zu den älteren Generationen finden.

«Aber wie kann man von der folgenschweren Voreingenommenheit als Katholik frei sein? Sie ist so tief in uns eingewurzelt, tief im Unbewußten verborgen.»

Ob man Katholik oder Moslem oder Hindu oder Kommunist ist, immer ist die Propaganda von einhundert, zweihundert oder fünftausend Jahren Teil dieser verbalen Struktur der Bilder, die dazu beitragen, unser Bewußtsein zu formen. Wir sind abhängig von dem, was wir essen, von den wirtschaftlichen Bedrängungen, von der Kultur und der Gesellschaft, in der wir leben. Wir *sind* diese Kultur, wir *sind* diese Gesellschaft. Nur gegen sie zu revoltieren bedeutet, gegen uns selbst zu revoltieren. Wenn Sie gegen sich selbst rebellieren, ohne zu wissen, was Sie sind, ist Ihre Rebellion völlig nutzlos. Aber ohne Verdammung gewahr zu sein, was Sie sind – eine solche Bewußtheit bringt eine Handlung hervor, die völlig verschieden ist von der Handlung eines Reformers oder eines Revolutionärs.

«Aber unser Unbewußtes ist die kollektive, rassische Erbschaft, und nach den Aussagen der Analytiker muß das verstanden werden.»

Ich sehe nicht ein, warum Sie dem Unbewußten solche Bedeutung geben. Es ist ebenso trivial und kitschig wie der bewußte Geist. Dem Unbewußten solche Bedeutung zu geben, verstärkt es nur. Wenn Sie seinen wahren Wert sehen, fällt es von Ihnen ab wie ein Blatt im Herbst. Wir glauben, daß es wichtig sei, bestimmte Dinge zu erhalten und daß andere abgetan werden können. Wir bringen wohl bestimmte periphere Verbesserungen zustande, aber der Krieg ist das größte Unglück für den Menschen. Der Intellekt wird in keiner Weise unsere menschlichen Probleme lösen. Das Denken hat auf viele, viele Arten versucht, unsere Qualen und Ängste zu überwinden und über sie hinauszugelangen. Das Denken hat die Kirche, den Erlöser, den Guru geschaffen; das Denken hat Nationalitäten erfunden; das Denken hat die Menschen innerhalb der Nation in verschiedene Gemeinschaften, Klassen aufgeteilt, die miteinander im Streit liegen. Das Denken hat den Menschen vom Menschen getrennt, und nachdem es Anarchie und grosses Leid hervorgebracht hat, geht es dann dazu über, eine Struktur zu erfinden, die die Menschen zusammenbringen soll. Was das Denken auch unternimmt, es muß unvermeidlich Gefahr und Unruhe erzeugen. Sich Italiener oder Inder oder Amerikaner zu nennen, ist gewiß ohne Sinn; und es ist das Werk des Denkens.

«Aber Liebe ist die Antwort auf all diese Dinge, nicht wahr?»

Wiederum sind Sie ausgewichen! Sind Sie von Neid und Ehrgeiz frei, oder gebrauchen Sie nur dieses Wort «Liebe», dem das Denken eine Bedeutung gegeben hat? Wenn das Denken ihm eine Bedeutung gegeben hat, dann ist es nicht Liebe. Das Wort Liebe ist nicht Liebe – ganz gleich, was Sie mit diesem Wort meinen. Der Gedanke ist die Vergangenheit, die Erinnerung, die Erfahrung, das Wissen, aus dem die Antwort auf jede Herausforderung folgt. Darum ist diese Antwort immer unzulänglich, und damit ist der Konflikt gegeben. Denn der Gedanke ist immer alt; der Gedanke kann niemals neu sein. Moderne Kunst ist die Antwort des Denkens, des Intellekts, und obgleich sie vorgibt, neu zu sein, ist sie in Wirklichkeit ebenso alt, obgleich nicht so schön wie die Berge. Die gesamte Struktur, die das Denken aufgebaut hat – wie Liebe, Gott, Kultur, die Ideologie des Politbüros –, muß völlig verneint werden, damit das Neue sein kann. Das Neue kann sich nicht der alten Schablone anpassen. Sie fürchten sich in Wirklichkeit davor, die alte Schablone vollkommen abzulehnen.

«Ja, wir fürchten uns, denn wenn wir sie verneinen, was bleibt dann übrig? Womit ersetzen wir sie?»

Diese Frage kommt aus dem Denken, das die Gefahr sieht und sich darum fürchtet und wünscht, darin bestärkt zu werden, etwas zu finden, das das Alte ersetzt. So sind Sie wieder eingefangen in das Netz des Denkens. Aber wenn Sie tatsächlich und nicht nur verbal oder intellektuell dieses ganze Denkgebäude verneinen, dann mögen Sie vielleicht das Neue finden – die neue Art zu leben, zu sehen, zu handeln. Negation ist die positivste Handlung. Das Falsche zu negieren, nicht zu wissen, was wahr ist, die scheinbare Wahrheit im Falschen zu negieren, und das Falsche als das Falsche zu negieren, ist die unmittelbare Handlung eines Menschen, der vom Denken frei ist. Diese Blume hier mit der Vorstellung zu sehen, die das Denken davon geschaffen hat, ist etwas ganz anderes, als sie ohne dieses Bild zu sehen. Die Beziehung zwischen dem Beobachter und der Blume ist die Vorstellung, die der Beobachter von dem Beobachteten hat, und darin liegt ein großer Abstand zwischen beiden.

Wenn es kein Bild gibt, hört das Zeitintervall auf.

27

Schweigen

MEDITATION IST IMMER NEU. Sie trägt nicht den Stempel der Vergangenheit, denn sie hat keine Fortdauer. Das Wort «neu» drückt nicht den Zustand des Neuen und Frischen aus, der zuvor nicht da war. Meditation ist wie das Licht einer Kerze, das ausgeblasen und wieder entzündet wurde. Das neue Licht ist nicht das frühere, obgleich die Kerze dieselbe ist. Meditation hat nur dann eine Fortdauer, wenn der Gedanke sie färbt, formt und ihr einen Zweck gibt. Der Zweck und die Bedeutung der Meditation werden durch das Denken zu einer zeitbindenden Fessel. Aber die Meditation, die vom Denken nicht berührt wird, hat ihre eigene Bewegung, die nicht der Zeit angehört. Zeit schließt das Alte und das Neue in sich als eine Bewegung von den Wurzeln des Gestern zu der Blüte des Morgen. Aber Meditation ist ein völlig anderes Erblühen. Sie ist nicht das Ergebnis der gestrigen Erfahrung und hat darum überhaupt keine Wurzeln in der Zeit. Sie hat eine Fortdauer, die nicht die Kontinuität der Zeit ist. Das Wort Fortdauer in der Meditation führt in die Irre, denn das, was gestern war, ereignet sich nicht heute. Die Meditation des Heute ist ein neues Erwachen; in ihr entfaltet sich neu die Schönheit der Güte.

Das Auto fuhr langsam durch den Verkehr der großen Stadt mit ihren Bussen, Lastkraftwagen und Autos und all dem Lärm in den engen Straßen. Es gab endlose Reihen von Wohnhäusern, bevölkert mit Familien, und es gab Läden ohne Ende; die Stadt breitete sich nach allen Seiten aus und verschlang das Land. Schließlich kamen wir hinaus auf das Land, auf die grünen Felder, die Weizenfelder und die weiten Flecken blühenden Senfes von intensiver gelber Färbung. Der Kontrast zwischen dem intensiven Grün und dem Gelb war ebenso auffallend wie der Kontrast zwischen dem Lärm der Stadt und der Stille der Landschaft. Wir befanden uns auf der Autostraße nach Norden, die auf und ab durch das Land führte. Und da waren Wälder, Flüsse und der liebliche blaue Himmel.

Es war ein Frühlingsmorgen, und im Walde gab es große Flächen mit Glockenblumen, und dicht neben dem Wald war der gelbe Senf, der sich fast bis zum Horizont erstreckte, und dann das grüne Weizenfeld, das sich so weit hinzog, wie das Auge sehen konnte. Die Straße durchquerte Dörfer und Städte, und eine Seitenstraße führte zu einem lieblichen Wald mit neuem frischen Frühlingslaub und dem Duft feuchter Erde; du hattest das eigentümliche Gefühl, daß der Frühling da war und neues Leben. Du warst der Natur sehr nahe, da du das Land betrachtetest, das sich darbot – die Bäume, das neue zarte Blatt und der Strom, der vorüberfloß. Es war kein romantisches Gefühl oder eine phantasievolle Empfindung, sondern du warst das alles tatsächlich – der blaue Himmel und die sich ausbreitende Erde.

Die Straße führte zu einem alten Haus mit einer Zufahrt aus hochgewachsenen Buchen mit jungen frischen Blättern, und du schautest durch sie hindurch auf den blauen Himmel. Es war ein lieblicher Morgen, und die Rotbuche war noch ziemlich jung, obgleich hochgewachsen.

Er war ein kräftiger, schwerer Mann mit sehr großen Händen, und er füllte den gewaltigen Stuhl aus. Er hatte ein freundliches Gesicht und war schnell bereit zu lachen. Es ist seltsam, wie wenig wir lachen. Unsere Herzen sind zu bedrückt, abgestumpft durch die beschwerlichen Lebensumstände, durch die Routine und die Monotonie des alltäglichen Lebens. Wir werden durch einen Witz oder eine witzige Bemerkung zum Lachen gebracht, aber in uns selbst gibt es kein Lachen; die Bitternis, die im Menschen heranreift, scheint so allgemein. Wir sehen niemals das fließende Wasser und lachen mit ihm; es ist traurig zu sehen, wie das Licht in unseren Augen täglich matter und matter wird; die Drangsal der Agonie und Verzweiflung scheint unser ganzes Leben mit einer gewissen Verheißung von Hoffnung und Freude zu färben, die vom Denken gefördert wird.

Er war an jener besonderen Philosophie «vom Ursprung» interessiert und war auf das Schweigen eingestellt, das er wahrscheinlich niemals erfahren hatte. Man kann Schweigen nicht kaufen, wie man guten Käse kaufen würde. Man kann es nicht kultivieren, wie man es mit einer schönen Pflanze tun würde. Es stellt sich nicht durch die Tätigkeit des Geistes oder des Herzens ein. Das Schweigen, das die Musik hervorbringt, der man lauscht, ist das Ergebnis dieser Musik, wird durch sie bewirkt. Schweigen ist keine Erfahrung; man weiß darum nur, wenn es vorüber ist.

Setze dich manchmal an das Ufer eines Flusses und schaue in das Wasser. Laß dich nicht durch das Strömen des Wassers, durch das Licht, die Klarheit und die Tiefe des Stromes hypnotisieren. Schaue ohne jede Regung des Denkens hin. Das Schweigen ist rings um dich, in dir, in dem Fluß und in jenen Bäumen, die völlig reglos sind.

Du kannst es nicht mit nach Hause nehmen, in deinem Geist oder in deiner Hand festhalten und glauben, daß du einen außergewöhnlichen Zustand erreicht hast. Wenn du das tust, dann ist es kein Schweigen; dann ist es nur ein Erinnern, eine Einbildung, eine romantische Flucht vor dem täglichen Lärm des Lebens.

Vom Schweigen her existiert jegliches Ding. Die Musik, die du an diesem Morgen hörtest, kam aus dem Schweigen zu dir, und du hörtest sie, weil du still warst, und sie ging über dich hinaus und verlor sich im Schweigen.

Nur lauschen wir dem Schweigen nicht, weil unsere Ohren angefüllt sind mit dem Geschwätz der Gedanken. Wenn du liebst, und kein Schweigen ist darin, macht das Denken daraus ein Spielzeug der Gesellschaft, deren Kultur Neid ist und deren Götter von Kopf und Hand zusammengesetzt sind. Schweigen ist, wo du bist, es ist in dir und neben dir.

28

Energie – Intelligenz

MEDITATION IST DIE SUMME aller Energie. Sie kann nicht nach und nach gesammelt werden, indem man dieses und jenes verneint, dieses ergreift und an jenem festhält; sie ist vielmehr ohne Unterschied die totale Ablehnung jeder Energieverschwendung. Auswählen ist das Ergebnis von Verwirrung; und vergeudete Energie führt im wesentlichen zu Verwirrung und Konflikt. Jederzeit klar zu sehen, was ist, bedarf der gesammelten Energie; dann gibt es keinen Widerspruch und keine Dualität. Diese totale Energie entsteht nicht durch Enthaltsamkeit, durch die Gelübde der Keuschheit und Armut, denn jede Handlung des Willens ist eine Verschwendung von Energie, weil der Gedanke daran beteiligt ist, und Denken ist vergeudete Energie; unmittelbare Wahrnehmung ist niemals Energieverschwendung. Das *Sehen* ist keine Anstrengung, die man sich vorgenommen hat. Es gibt darin kein «ich will sehen», sondern nur Sehen. Unmittelbare Wahrnehmung beseitigt den Beobachter, und darin liegt keine Energieverschwendung. Der Denker, der zu beobachten versucht, vernichtet die Energie. Liebe ist nicht vergeudete Energie, aber wenn das Denken sie zu einem Genuß macht, dann folgt Leid, das die Energie verzettelt. Die Summe der Energie, die Meditation, weitet sich ständig aus und wird im täglichen Leben zur Handlung.

Die Pappel wurde an diesem Morgen durch den leichten Wind bewegt, der aus dem Westen kam. Jedes Blatt erzählte dem Winde etwas; jedes Blatt tanzte ruhelos in seiner Freude über den Frühlingsmorgen. Es war sehr früh. Die Amsel auf dem Dach sang. Jeden Morgen und Abend ist sie dort; manchmal sitzt sie ruhig da und blickt nach allen Seiten; und zu anderen Zeiten ruft sie lockend und wartet auf eine Antwort. Sie würde für einige Minuten da sein und dann fortfliegen. Jetzt glänzte ihr gelber Schnabel in dem frühen Licht. Da sie davonflog, zogen Wolken über das Dach, der Horizont war voll von ihnen, eine über der anderen, als ob sie jemand sorgfältig in sauberer Ordnung aufgestellt hätte. Sie bewegten sich, und es schien, als würden sie die Erde mit sich nehmen – die Kamine, die Fernsehantennen und das hohe Gebäude jenseits des Weges. Dann zogen sie vorüber, und da war wieder der blaue Frühlingshimmel in seiner Klarheit, mit der lichten Frische, die nur der Frühling bringen kann. Der Himmel war ungewöhnlich blau, und zu dieser Morgenstunde waren die Straßen draußen fast ruhig. Man konnte das Geräusch der Absätze auf dem Pflaster hören, und in der Ferne fuhr ein Lastwagen vorbei. Der Tag würde bald beginnen. Da man aus dem Fenster auf die Pappel schaute, sah man das Universum in seiner ganzen Schönheit.

Er fragte: «Was ist Intelligenz? Sie sprachen sehr viel darüber, und ich würde gern Ihre Ansicht kennenlernen.»

Ansicht und die Untersuchung der Ansicht ist nicht Wahrheit. Sie können über die Vielfalt der Ansichten unbegrenzt diskutieren, über ihre Richtigkeit und ihre Verkehrtheit; aber wie gut und vernünftig Ansichten auch immer sein mögen: sie sind nicht die Wahrheit. Ansichten sind immer voreingenommen, gefärbt durch die Kultur, die Erziehung, das Wissen, das man hat. Warum sollte der Geist überhaupt mit Meinungen belastet werden, mit dem, was Sie über diese oder jene Person oder über ein Buch oder eine Idee denken? Warum sollte der Geist nicht leer sein? Nur wenn er leer ist, kann er klar sehen.

«Aber wir sind alle mit Meinungen und Ansichten angefüllt. Meine Meinung über den gegenwärtigen politischen Führer ist durch das, was er gesagt und getan hat, geformt worden, und ohne diese Meinung wäre es mir nicht möglich, für ihn zu stimmen. Meinungen sind für die Handlung notwendig, nicht wahr?»

Meinungen können kultiviert werden, können sich verschärfen und verhärten, und die meisten Handlungen basieren auf dem Prinzip von Zuneigung und Abneigung. Die Verhärtung der Erfahrung und des Wissens drückt sich in der Handlung aus, aber eine solche Handlung entzweit und trennt den Menschen vom Menschen. Ansicht und Glaube hindern uns daran, das wahrzunehmen, was tatsächlich ist. Zu sehen, was ist, ist Teil jener Intelligenz, nach der Sie gefragt haben. Es gibt keine Intelligenz ohne die Sensitivität des Körpers und des Geistes – sie ist Sensitivität des Gefühls und die Klarheit der Beobachtung. Empfindsamkeit und Sentimentalität verhindern die Sensitivität des Fühlens. Sensitiv in einem Bereich zu sein und stumpfsinnig in einem anderen, führt zu Widerspruch und Konflikt, wodurch Intelligenz verneint wird. Die Integration der vielen zerbrochenen Teile in ein Ganzes bringt keine Intelligenz hervor. Sensitivität ist Achtsamkeit, ist Intelligenz. Intelligenz hat nichts mit Wissen oder Information zu tun. Wissen ist immer Vergangenheit; es kann ins Gedächtnis zurückgerufen werden, um in der Gegenwart zu handeln, aber es schränkt die Gegenwart ein. Intelligenz ist immer in der Gegenwart und hat nichts mit der Zeit zu tun.

29

Ehe

MEDITATION IST DIE BEFREIUNG des Geistes von aller Unlauterkeit. Denken erzeugt Unredlichkeit. Denken in seinen Versuchen, ehrlich zu sein, stellt Vergleiche an und ist daher unehrlich. Alles Vergleichen ist ein Vorgang des Ausweichens und erzeugt darum Unredlichkeit. Redlichkeit ist nicht der Gegensatz zur Unredlichkeit. Redlichkeit ist nicht ein Prinzip. Sie ist nicht Gleichschaltung an eine Norm, sondern ist vielmehr die volle Wahrnehmung dessen, was ist. Und Meditation ist die Bewegung dieser Redlichkeit im Schweigen.

Der Tag begann ziemlich wolkig und trübe, und die kahlen Bäume standen schweigend im Walde. Durch den Wald hindurch konnte man Krokusse, Osterglocken und leuchtend gelbe Forsytien sehen. Man sah das alles aus der Ferne, und es erschien als ein gelber Flecken gegen den grünen Rasen. Da man dicht herankam, wurde man durch den Glanz von diesem Gelb geblendet – das war Gott. Es war nicht so, daß man sich mit der Farbe identifizierte oder daß man zu der Weite wurde, die das Universum mit Gelb füllte – sondern es war kein «Ich» da, um das anzuschauen. Nur dieses existierte und nichts sonst – nicht die Stimmen ringsherum, nicht die Amsel, die ihr Morgenlied sang, nicht die Stimmen der Vorübergehenden, nicht das geräuschvolle Auto, das mühsam auf der Landstraße vorbeiratterte. *Es* existierte, nichts sonst. Und Schönheit und Liebe waren in diesem Sein.

Man ging in den Wald zurück. Ein paar Regentropfen fielen, und der Wald war verlassen. Der Frühling war gerade gekommen, aber hier im Norden hatten die Bäume noch kein Blätter. Sie waren trübselig vom Winter her, vom Warten auf den Sonnenschein und auf mildes Wetter. Ein Reiter kam vorbei, und das Pferd schwitzte. Das Pferd in seiner Anmut, in seiner Bewegung war mehr als der Mann; der Mann in seinen Reithosen, mit glänzend polierten Stiefeln und seiner Reitmütze sah unbedeutend aus. Das Pferd hatte Zucht, es hielt seinen Kopf hoch. Der Mann, obgleich er das Pferd ritt, war vor dem Reich der Natur ein Fremder, aber das Pferd schien Teil der Natur, die der Mensch langsam zerstörte.

Die Bäume waren groß – Eichen, Ulmen und Buchen. Sie standen völlig ruhig. Der Boden war weich vom Winterlaub, und hier schien die Erde sehr alt zu sein. Es gab wenig Vögel. Die Amsel rief, und der Himmel klärte sich auf.

Da man am Abend zurückging, war der Himmel ganz klar; das Licht auf diesen gewaltigen Bäumen war seltsam und voll stiller Bewegung.

Licht ist etwas Ungewöhnliches; je mehr man es beobachtet, umso tiefer und unermeßlicher wird es, und die Bäume waren darin eingefangen. Es war bestürzend; keine Leinwand hätte die Schönheit dieses Lichtes einfangen können. Es war mehr als das Licht der untergehenden Sonne; es war mehr, als die Augen sahen. Es war, als ob Liebe über dem Land lag. Man sah wiederum jenen gelben Flecken von Forsytien, und die Erde frohlockte.

Sie kam mit ihren zwei Töchtern, aber sie ließ sie draußen zum Spielen. Sie war eine junge Frau, sah recht nett aus und war gut gekleidet; sie war ziemlich unruhig und schien tüchtig zu sein. Sie sagte, daß ihr Ehemann in irgendeinem Büro arbeite und daß das Leben an ihr vorbeigehe. Sie hatte eine eigenartige Traurigkeit, die mit einem flüchtigen Lächeln verdeckt wurde. Sie fragte: «Was ist Gemeinschaft? Ich bin mit meinem Mann vor einigen Jahren verheiratet worden. Ich glaube, daß wir einander lieben – aber irgend etwas fehlt ganz schrecklich darin.»

Wünschen Sie wirklich, da tief einzudringen?

«Ja, ich bin von weit her gekommen, um mit Ihnen darüber zu sprechen.»

Ihr Ehemann arbeitet in seinem Büro, und Sie arbeiten in Ihrem Haus, jeder von Ihnen mit seinem Ehrgeiz, seiner Frustration, den Kümmernissen und Ängsten. Er möchte ein leitender Beamter sein und fürchtet, er könne es nicht schaffen, andere könnten es vor ihm erreichen.

Er ist eingeschlossen in seinen Ehrgeiz, in seine Frustration, in sein Suchen nach Erfüllung und Sie in die Ihren. Er kommt ermüdet, reizbar, mit Furcht im Herzen nach Hause und bringt diese Spannung mit heim. Auch Sie sind nach Ihrem langen Tag mit den Kindern und all dem übrigen ermüdet. Sie und er nehmen einen Drink, um Ihre Nerven zu beruhigen und führen eine gezwungene Unterhaltung. Nach einigen Gesprächen folgt das Essen und dann das unvermeidliche Bett. Das wird Gemeinschaft genannt – jeder lebt in seinem eigenen ichbezogenen Tun, und man trifft sich im Bett; das wird Liebe genannt. Natürlich gibt es da ein wenig Zärtlichkeit, ein wenig Rücksichtnahme, einen Klaps oder zwei auf den Kopf der Kinder. Dann folgen Alter und Tod. Das ist es, was man Leben nennt. Und Sie akzeptieren diese Lebensweise.

«Was kann man anderes tun? Wir sind darin aufgewachsen, dazu erzogen worden. Wir wünschen Sicherheit, einige der guten Dinge des Lebens. Ich sehe nicht, was man sonst tun kann.»

Ist es der Wunsch nach Sicherheit, der uns bindet? Oder ist es Gewohnheit, die Hinnahme der gesellschaftlichen Schablone: die Vorstellung von Ehemann, Ehefrau und Familie? Zweifellos liegt in all dem sehr wenig Glück.

«Es gibt ein wenig Glück, aber es ist zu viel zu tun, zu viele Dinge sind zu beachten. Man muß so viel lesen, wenn man gut informiert sein will. Man hat nicht viel Zeit, um zu denken. Offensichtlich ist man nicht wirklich glücklich, aber man macht so weiter.»

Das alles wird Leben in Gemeinschaft genannt – aber offensichtlich gibt es überhaupt keine Gemeinschaft. Sie mögen körperlich für eine kurze Zeit zusammen sein, aber jeder lebt in seiner eigenen Welt der Isolierung, schafft seine eigene Trübsal, und man kommt nicht wirklich zueinander, nicht eben körperlich, aber auf einer viel tieferen und weiteren Ebene. Es ist die Schuld der Gesellschaft, der Kultur, in der wir groß geworden sind und in die wir so leicht eingefangen werden. Es ist eine verderbte Gesellschaft, eine korrupte und unmoralische Gesellschaft, die die Menschen geschaffen haben. Eben diese muß verwandelt werden, und sie kann nicht verwandelt werden, wenn nicht der Mensch, der sie aufgebaut hat, sich selbst verwandelt.

«Ich kann vielleicht verstehen, was Sie sagen, und mag mich verwandeln, aber was ist mit ihm? Es macht ihm großes Vergnügen, zu kämpfen, zu erreichen, jemand zu werden. Er wird sich nicht verwandeln, und so sind wir wieder da, wo wir angefangen haben – ich mache den schwachen Versuch, durch meine Umzäunung hindurchzubrechen, und er verstärkt seine enge Lebenszelle mehr und mehr. Welchen Sinn hat das alles?»

Es gibt in dieser Form des Daseins überhaupt keinen Sinn. Wir haben dieses Leben geschaffen, seine tägliche Brutalität und Häßlichkeit mit einem gelegentlichen Aufleuchten der Freude. Wir müssen dem allen den Rücken kehren. Sehen Sie, Madame, tatsächlich gibt es kein Morgen. Morgen ist die Erfindung des Denkens, um seine kitschigen Bestrebungen zu erfüllen. Der Gedanke baut die vielen Morgen auf, aber tatsächlich gibt es kein Morgen. Dem Morgen zu ersterben, heißt heute vollkommen zu leben. Wenn Sie das tun, verwandelt sich das ganze Dasein. Denn Liebe ist nicht morgen, Liebe ist keine Sache des Denkens, Liebe hat keine Vergangenheit oder Zukunft. Wenn Sie heute vollkommen leben, liegt darin eine große Kraft, und in ihrer Schönheit – die nicht berührt wird durch Ehrgeiz, Eifersucht oder durch die Zeit – ist man nicht nur mit dem Menschen verbunden, sondern auch mit der Natur, mit den Blumen, der Erde und dem Himmel. Darin liegt die Kraft der Unschuld; dann hat das Leben eine gänzlich andere Bedeutung.

30

Das unbekannte Ufer

Du kannst dir nicht vornehmen zu meditieren: Es muß sich ereignen, ohne daß du danach trachtest. Wenn du danach suchst oder wenn du fragst, wie zu meditieren ist, dann wirst du nicht nur weiterhin von der Methode abhängig, sondern sie verstärkt auch das gegenwärtige Bedingtsein. Meditation ist in Wirklichkeit die Ablehnung der gesamten Denkstruktur. Das Denken ist strukturell bedingt, es ist vernünftig oder unvernünftig, objektiv oder krankhaft, und wenn es von der Vernunft her oder von einem widersprüchlichen und neurotischen Zustand aus zu meditieren versucht, wird es unvermeidlich das projizieren, was es ist, und wird seine eigene Struktur als eine ernst zu nehmende Realität hinnehmen. Es ist so, als ob ein Gläubiger über seinen eigenen Glauben meditiert; er stärkt und sanktioniert das, was er aus Furcht geschaffen hat. Das Wort ist das Abbild oder das Leitbild, dessen Vergötterung den Abschluß bildet.

Der Ton schafft seine eigenen engen Grenzen, wie auch das Geräusch des Denkens an seinen Käfig gebunden ist, und es ist das Wort und sein Klang, das den Beobachter und das Beobachtete trennt. Das Wort ist nicht nur eine Spracheinheit, nicht nur ein Klang, sondern auch ein Symbol, eine Rückerinnerung an irgendein Ereignis, das die Erinnerung, das Denken in Bewegung setzt. Meditation ist die vollkommene Abwesenheit des Wortes. In der Maschinerie des Wortes liegt die Wurzel der Furcht.

Es war Vorfrühling, und in dem Wäldchen war es ungewöhnlich milde. Die Bäume trieben einige neue Blätter, und der Himmel hatte noch nicht jenes intensive Blau, das sich mit der Frühlingsseligkeit einstellt. Die Kastanie war noch nicht heraus, aber der vorzeitige Frühlingsduft lag in der Luft. In diesem Teil des Wäldchens war kaum jemand, und man konnte die Autos in der Ferne vorbeifahren hören. Wir wanderten früh am Morgen, und es umgab uns jene sanfte Herbheit des Vorfrühlings.

Er hatte diskutiert, in Zweifel gezogen und gefragt, was er tun sollte. «Diese ständige Analyse scheint so langwierig, diese nach innen gekehrte Prüfung, diese Wachsamkeit. Ich habe so viele Dinge versucht; die glattrasierten Gurus und die bärtigen Gurus und verschiedene Meditationssysteme. Sie kennen das ganze Repertoire –, und es läßt einen ziemlich ausgetrocknet und leer zurück.»

Warum beginnen Sie nicht vom anderen Ende aus, dem Ende, von dem Sie nichts wissen – von dem anderen Ufer, das Sie unmöglich von diesem Ufer aus sehen können? Beginnen Sie lieber mit dem Unbekannten als mit dem Bekannten, denn diese ständige Prüfung, die Analyse stärkt nur das Bekannte und beschränkt es weiterhin. Wenn der Mensch von dem anderen Ende aus lebt, dann werden diese Probleme nicht existieren.

«Aber wie soll ich vom anderen Ende aus beginnen? Ich kenne es nicht, ich kann es nicht sehen.»

Wenn Sie fragen: «Wie soll ich vom anderen Ende aus beginnen?» stellen Sie die Frage noch von diesem Ende her. Fragen Sie darum nicht, sondern beginnen Sie vom anderen Ufer, von dem Sie nichts wissen, aus einer anderen Dimension, die das kluge Denken nicht erlangen kann.

Er blieb lange Zeit schweigend, und ein Fasanenhahn flog vorbei. Er glänzte in der Sonne, und er verschwand unter den Büschen. Als er ein wenig später wieder erschien, waren vier oder fünf Fasanenhennen bei ihm, fast von der Farbe verwelkten Laubes, und der große Fasan stand machtvoll unter ihnen.

Er war so beschäftigt, daß er den Fasan überhaupt nicht sah, und als wir ihn darauf hinwiesen, sagte er: «Wie schön!» – und das waren bloße Worte, weil sein Geist mit dem Problem beschäftigt war, wie er von einem Punkt aus beginnen sollte, den er nicht kannte. Eine erste Eidechse, lang und grün, lag auf dem Felsen und sonnte sich.

«Ich kann nicht einsehen, wie ich vom anderen Ende aus beginnen soll. Ich verstehe diese vage Erklärung, diese Behauptung wirklich nicht, die, wenigstens für mich, völlig bedeutungslos ist. Ich kann nur zu dem gehen, was ich kenne.»

Aber was kennen Sie? Sie kennen nur etwas, das bereits abgeschlossen ist, das vorbei ist. Sie kennen nur das Gestern, und wir sagen: Beginnen Sie von dem aus, das Sie nicht kennen, und leben Sie von dort aus. Wenn Sie sagen: «Wie soll ich von dort aus leben?», dann holen Sie die Schablone von gestern herbei. Aber wenn Sie mit dem Unbekannten leben, dann leben Sie in Freiheit, handeln aus der Freiheit, und eben das ist Liebe. Wenn Sie sagen: «Ich weiß, was Liebe ist», dann wissen Sie nicht, was sie ist. Sicherlich ist sie nicht eine Erinnerung, eine Rückbesinnung auf den Genuß. Da sie das nicht ist, leben Sie mit dem, was Sie nicht kennen.

«Ich weiß wirklich nicht, worüber Sie sprechen. Sie verschlimmern das Problem.»

Ich frage etwas sehr Einfaches. Ich sage, je mehr Sie graben, umso mehr ist da. Das Graben ist das Bedingtsein, und jede Schaufel macht Stufen, die nirgendwohin führen. Sie möchten, daß man neue Stufen für Sie macht, oder Sie wünschen Ihre Stufen selbst zu machen, die zu einer völlig anderen Dimension führen sollen. Aber wenn Sie nicht wissen, was diese Dimension ist – tatsächlich, nicht spekulativ –, dann können alle Stufen, welche auch immer Sie machen oder betreten, nur zu dem führen, was bereits bekannt ist. Darum lassen Sie das alles fallen und fangen Sie vom anderen Ende an. Schweigen Sie, und Sie werden finden.

«Aber ich weiß nicht, wie ich schweigen soll!»

Da sind Sie wieder zurückgefallen in das «Wie», und es gibt kein Ende für das Wie. Alles Wissen liegt auf der falschen Seite. Wenn Sie wissen, sind Sie bereits in Ihrem Grab. Das Sein ist nicht das Wissen.

31

Besitz

Im Lichte des Schweigens werden alle Probleme aufgehoben. Dieses Licht wird nicht aus der alten Denkbewegung geboren, auch nicht aus dem Wissen, das sich selbst enthüllt. Es wird nicht durch die Zeit entzündet noch durch irgendeine Willenshandlung. Es geschieht in der Meditation. Meditation ist keine Privatangelegenheit; sie ist kein persönliches Suchen nach Genuß. Genuß ist immer spaltend und trennend. In der Meditation verschwindet die trennende Linie zwischen dem Du und dem Ich. In der Meditation zerstört das Licht des Schweigens das Wissen vom Ich. Das Ich kann unbegrenzt erforscht werden, denn es ändert sich von Tag zu Tag, aber seine Reichweite ist immer begrenzt, so umfassend man es sich auch vorstellen mag. Schweigen ist Freiheit, und Freiheit kommt mit der Endgültigkeit vollkommener Ordnung.

Es war ein Wald dicht am Meer. Der ständige Wind hatte die Pinien verformt, sie kurz gehalten, und die Zweige waren von Nadeln entblößt. Es war Frühling, aber der Frühling würde niemals zu diesen Pinienbäumen kommen. Er war da, aber weit von den Pinien entfernt, weit entfernt von dem ständigen Wind und der salzigen Luft. Er war da, in seiner vollen Blüte, und jeder Grashalm und jedes Blatt jauchzte, jeder Kastanienbaum stand in Blüte, seine Kerzen von der Sonne angezündet. Die Enten mit ihren Küken waren da, die Tulpen und die Narzissen. Aber hier war es kahl, ohne Schatten, und jeder Baum stand in Agonie, verkrümmt, verkümmert, nackt. Die See war zu nah. Dieser Platz hatte seine eigene Schönheit, aber er schaute mit stiller Qual auf jene weit entfernten Wälder, denn an diesem Tage war der kalte Wind sehr scharf; die Wogen gingen hoch, und die harten Winde trieben den Frühling weiter landeinwärts. Es war neblig über dem Meer, und die jagenden Wolken bedeckten das Land und nahmen die Kanäle, die Wälder und die ebene Erde mit sich. Selbst die niedrigen Tulpen, so nahe der Erde, wurden geschüttelt, und ihre leuchtende Farbe war eine Woge hellen Lichts über dem Feld. Die Vögel waren in den Wäldern, aber nicht unter den Pinien. Es waren eine oder zwei Amseln da mit ihren hellen gelben Schnäbeln und eine oder zwei Tauben. Es war wunderbar, das Licht auf dem Wasser zu sehen.

Er war ein starker Mann, schwer gebaut, mit großen Händen. Er mußte ein reicher Mann sein. Er sammelte moderne Bilder und war ziemlich stolz auf seine Sammlung, die von den Kritikern als sehr gut bezeichnet wurde. Als er das erzählte, konnte man den Stolz in seinen Augen leuchten sehen. Er hatte einen großen Hund, der lebhaft und verspielt war; er war lebendiger als sein Herr. Er wollte draußen sein, in dem Gras zwischen den Dünen, gegen den Wind jagen, aber er saß gehorsam dort, wo es ihm sein Herr befohlen hatte, und bald war er vor Langeweile eingeschlafen.

Besitztümer besitzen uns mehr als wir sie besitzen. Das Schloß, das Haus, die Bilder, die Bücher, das Wissen, sie alle werden weit wichtiger, bedeutsamer als der Mensch.

Er sagte, daß er sehr viel gelesen hätte, und man konnte an den Büchern in der Bibliothek sehen, daß er die neuesten Autoren besaß. Er sprach über spirituellen Mystizismus und über die Drogenmanie, die in das Land einsickerte. Er war ein reicher, erfolgreicher Mann, und hinter ihm war die Hohlheit und die Seichtheit, die niemals durch Bücher, durch Bilder oder durch berufsmäßiges Wissen gefüllt werden kann.

Das Kummervolle des Lebens liegt in dieser Hohlheit, die wir mit jedem erdenklichen Trick des Geistes zu füllen versuchen. Aber diese Hohlheit bleibt. Das Betrübliche ist, daß jede Anstrengung, etwas zu besitzen, vergeblich ist. Dieser Versuch führt zum Herrschaftsanspruch und zur Ich-Behauptung mit ihren eitlen Worten und inhaltsreichen Erinnerungen an Dinge, die vergangen sind und niemals zurückkommen werden. Diese Leerheit und Einsamkeit wird vom isolierenden Denken verursacht und aufrechterhalten und genährt durch das Wissen, das von ihm erzeugt wurde.

Dieses Elend vergeblicher Anstrengung zerstört den Menschen. Sein Denken ist nicht so gut wie das des Computers, und da er nur das Instrument des Denkens besitzt, mit dem er den Problemen des Lebens begegnet, wird er durch sie zerstört. Dieses Elends des vergeudeten Lebens wird er wahrscheinlich nur im Augenblick des Todes gewahr werden – und dann ist es zu spät.

So werden dann der Besitz, der Rang, die Leistungen, die häuslichen Pflichten der Frau schrecklich wichtig, und dieses Kummervolle vertreibt die Liebe. Entweder hat man das eine oder das andere; man kann nicht beides haben. Das eine erzeugt Zynismus und Verbitterung, die der einzige Erfolg des Menschen sind; das andere liegt jenseits aller Wälder und Berge.

32

Gesellschaft

EINBILDUNG UND DENKEN haben in der Meditation keinen Platz. Sie führen zur Sklaverei; und Meditation bringt Freiheit. Das Gute und das Vergnügen sind zwei verschiedene Dinge; das eine bringt Freiheit, und das andere führt zur Knechtschaft der Zeit. Meditation ist die Freiheit von der Zeit. Die Zeit ist der Beobachter, der Erfahrende, der Denker, und Zeit ist Denken; Meditation liegt jenseits der zeitlichen Aktivitäten und geht darüber hinaus.

Einbildung liegt immer im Bereich der Zeit, und wie verborgen und heimlich sie auch sein mag, sie wird handeln. Und diese Handlung des Denkens wird unvermeidlich zum Konflikt und zur Knechtschaft der Zeit führen. Zu meditieren heißt von der Zeit frei zu sein.

Man konnte den See aus meilenweiter Entfernung sehen. Man gelangte auf gewundenen Straßen zu ihm, die sich durch Kornfelder und Pinienwälder schlängelten. Es war ein sehr sauberes Land. Die Straßen waren rein, und die Bauernhöfe mit ihrem Vieh, den Pferden, Küken und Schweinen waren gut geführt. Man ging durch die wellenförmigen Hügel hinunter zu dem See, und auf beiden Seiten waren schneebedeckte Berge. Es war sehr klar, und der Schnee glitzerte am frühen Morgen.

Es hatte in diesem Lande seit Jahrhunderten keine Kriege gegeben, und man empfand die große Sicherheit, den ungestörten Trott des täglichen Lebens, die den Stumpfsinn und die Gleichgültigkeit der etablierten und gut regierten Gesellschaft mit sich bringen.

Es war eine glatte, gut erhaltene Landstraße, breit genug, daß Autos aneinander leicht vorbeifahren konnten; und nun, da man über den Hügel kam, befand man sich zwischen Obstgärten. Ein wenig weiter war ein großes Tabakfeld. Im Näherkommen konnte man den strengen Duft der reifenden Tabakblüten riechen.

An diesem Morgen, da man von der Höhe herunterkam, begann es warm zu werden, und die Luft war ziemlich drückend. Der ländliche Frieden drang in das Herz ein, und man wurde Teil der Erde.

Es war ein Vorfrühlingstag. Eine kalte Brise kam von Norden, und die Sonne begann scharfe Schatten zu werfen. Der schlanke, große Eukalyptus neigte sich sanft gegen das Haus, und eine einzelne Amsel sang; man konnte sie vom Sitzplatz aus sehen. Sie muß sich ziemlich einsam gefühlt haben, denn an diesem Morgen waren sehr wenig Vögel da. Die Spatzen saßen aufgereiht auf der Mauer, von wo aus der Garten zu überblicken war. Der Garten war ziemlich schlecht gehalten; der Rasen hatte es nötig, gemäht zu werden. Die Kinder würden am Nachmittag herauskommen und spielen, und man würde ihr Geschrei und Gelächter hören können. Sie würden einander unter den Bäumen jagen, Versteck spielen, und lautes Gelächter würde die Luft erfüllen.

Es waren ungefähr acht Menschen um die Mittagstafel. Einer war ein Regisseur, ein anderer ein Pianist, und außerdem war ein junger Student von irgendeiner Universität da. Sie sprachen über Politik und die Krawalle in Amerika und über den Krieg, der immer weiterzugehen schien. Die Unterhaltung floß leicht dahin – über nichts. Der Regisseur sagte plötzlich: «Wir von der älteren Generation haben keinen Platz in der kommenden modernen Welt. Ein wohlbekannter Autor sprach kürzlich in der Universität – und die Studenten rissen ihn in Stücke, und er wurde fertiggemacht. Was er sagte, hatte keine Beziehung zu dem, was die Studenten wünschten, was sie dachten oder was sie erwarteten. Er bestand auf seinen Ansichten, auf dem, was er für richtig hielt, auf seiner Lebensart, und die Studenten wollten von all dem nichts wissen. Da ich ihn kenne, wußte ich, was er fühlte. Er war wirklich vernichtet, würde es aber nicht zugeben. Er wünschte von der jüngeren Generation akzeptiert zu werden, und sie wollte von dieser konventionellen, traditionsgebundenen Lebensart nichts wissen – obgleich er in seinen Büchern über eine formale Wandlung schrieb ... Ich persönlich», fuhr der Regisseur fort, «sehe, daß ich keine Beziehung, keinen Kontakt mit irgendeinem von der jüngeren Generation habe. Ich fühle, daß wir Heuchler sind.»

Das wurde von einem Manne gesagt, der viele wohlbekannte, avantgardistische Filme auf seinem Programm hatte. Er war darüber nicht verbittert; er stellte nur eine Tatsache fest, mit einem Lächeln und einem Schulterzukken. Besonders angenehm an ihm war seine Offenheit mit jenem Hauch von Bescheidenheit, der oft damit verbunden ist.

Der Pianist war sehr jung. Er hatte seine verheißungsvolle Karriere aufgegeben, weil er meinte, daß das ganze Milieu der Impresarios, der Konzerte, der Reklame und des Geldes, das damit zusammenhängt, ein glorifizierter Rummel sei. Er selbst wünschte ein Leben anderer Art zu führen, ein religiöses Leben.

Er sagte: «Es ist überall in der Welt das gleiche. Ich bin gerade aus Indien gekommen. Dort ist der Abgrund zwischen dem Alten und dem Neuen vielleicht sogar noch breiter. Dort ist die Tradition und die Vitalität des Alten ungeheuer stark, und wahrscheinlich wird die jüngere Generation davon aufgesaugt werden. Aber ich hoffe, daß es einige geben wird, die Widerstand leisten und eine andere Richtung einschlagen werden.

Und ich habe bemerkt, denn ich bin etwas herumgekommen, daß die jüngeren Menschen (und ich bin alt, verglichen mit den jungen) immer mehr aus dem Establishment ausbrechen. Vielleicht gehen sie in der Welt der Drogen und des orientalischen Mystizismus zugrunde, aber sie tragen eine Verheißung in sich, eine neue Lebenskraft. Sie verwerfen die Kirche, die fetten Priester, die überzüchtete Hierarchie der religiösen Welt. Sie wollen nichts mit der Politik oder mit Kriegen zu tun haben.

Vielleicht wird aus ihnen ein Keim des Neuen hervorgehen.»

Der Universitätsstudent hatte während der ganzen Zeit geschwiegen, er aß seine Spaghetti und schaute aus dem Fenster; aber er nahm an der Unterhaltung wie die anderen teil. Er war ziemlich scheu, und obgleich er das Studium nicht mochte, ging er zur Universität und hörte den Professoren zu, die ihn nicht hinreichend unterrichten konnten. Er las sehr viel; er liebte die englische Literatur ebenso wie die seines eigenen Landes und hatte darüber bei anderen Gelegenheiten gesprochen.

Er sagte: «Obgleich erst zwanzig, bin ich bereits alt im Vergleich zu den Fünfzehnjährigen. Ihre Gehirne arbeiten schneller, sie sind lebhafter, sie sehen die Dinge klarer, sie kommen früher zu dem Wesentlichen als ich. Sie scheinen weit mehr zu wissen, und ich fühle mich im Vergleich zu ihnen alt. Aber ich stimme dem, was Sie sagen, völlig zu. Sie fühlen, daß Sie Heuchler sind, Sie sagen das eine und tun ein anderes. Das können Sie auf die Politiker und die Priester anwenden, aber was mich verwirrt, ist – warum sollten sich andere mit dieser Welt der Heuchelei verbinden? Ihre Moral stinkt; Sie wollen den Krieg.

Was uns angeht, wir hassen nicht die Neger oder die braunen Menschen oder eine andere Farbe, wir fühlen uns mit ihnen allen vertraut. Ich weiß das, weil ich unter ihnen gelebt habe.

Aber Sie, die ältere Generation, haben diese Welt der rassischen Unterschiede und des Krieges geschaffen – und wir wünschen nichts davon. Darum revoltieren wir. Aber diese Revolte ist auch wieder zur Mode geworden und wird durch die verschiedenen Politiker ausgenützt, und so verlieren wir unseren ursprünglichen Abscheu gegen das alles. Vielleicht werden auch wir ehrbare moralische Bürger werden. Aber jetzt hassen wir Ihre Moralität und haben überhaupt keine Moral.»

Es folgten eine oder zwei Minuten des Schweigens; und der Eukalyptus war ruhig, als ob er den Worten lausche, die um die Tafel gingen. Die Amsel war fortgeflogen und ebenso die Spatzen.

Wir sagten: Bravo, Sie haben vollkommen recht. Alle Moral zu verneinen, heißt moralisch zu sein. Denn die angenommene Moral ist die Moral der Ehrbarkeit, und ich fürchte, wir alle streben danach, geachtet zu werden, das heißt, als guter Bürger in einer verrotteten Gesellschaft anerkannt zu werden. Ansehen ist nutzbringend und sichert Ihnen eine gute Stellung und ein festes Einkommen. Die akzeptierte Moral der Gier, des Neides und des Hasses ist die Lebensart des Establishment.

Wenn Sie das alles völlig verneinen – nicht mit Ihren Lippen, sondern mit Ihrem Herzen –, dann sind Sie wirklich moralisch. Denn eine solche Moral entspringt der Liebe und hat nicht den Profit als Motiv und nicht das Streben, einen Platz in der Hierarchie zu erlangen. Diese Liebe kann es nicht geben, wenn Sie zu einer Gesellschaft gehören, in der Sie Ruhm, Anerkennung, eine gute Stellung finden wollen. Da in dieser Gesellschaft keine Liebe liegt, ist ihre Moral Unmoral. Wenn Sie das alles aus dem Grunde Ihres Herzens verneinen, dann ist eine Tugend da, die von Liebe umgeben ist.

33

Anonymität der Liebe

Zu meditieren heisst über die Zeit hinauszugehen. Zeit ist die Entfernung, die das Denken in seinen Strebungen durchwandert. Es bewegt sich immer auf den alten Pfaden, versehen mit neuem Bewurf, mit neuen Ausblicken, aber immer ist es dieselbe Straße, die nirgendwohin führt – ausgenommen zu Kummer und Leid.

Nur wenn der Geist über die Zeit hinausgeht, hört Wahrheit auf, eine Abstraktion zu sein. Dann ist Glückseligkeit nicht eine Idee, die vom Genuß abgeleitet wird, sondern eine Wirklichkeit jenseits der Worte.

Die Entleerung des Geistes von der Zeit ist das Schweigen der Wahrheit, und das zu sehen, ist Handeln; so gibt es keine Trennung zwischen dem Sehen und dem

Tun. In dem Intervall zwischen Sehen und Tun werden Konflikt, Elend und Verwirrung geboren. Das, was ohne Zeit ist, ist das Ewige.

Auf jeder Tafel standen Osterblumen, jung, frisch aus dem Garten; auf ihnen lag noch der Schmelz des Frühlings. Auf einer Seite der Tafel standen Lilien, zart-weiß mit kräftigem Gelb in der Mitte. Dieses zarte Weiß und das leuchtende Gelb der vielen Osterglocken zu sehen, erweckte die Vorstellung des blauen Himmels – ausgedehnt, grenzenlos, schweigend.

Fast alle Tische waren von Menschen besetzt, die laut sprachen und lachten. An einem Tisch in der Nähe fütterte eine Frau verstohlen ihren Hund mit dem Fleisch, das sie nicht essen konnte. Sie alle schienen gewaltige Portionen vor sich zu haben, und es war kein erfreulicher Anblick, die Leute essen zu sehen; vielleicht mag es barbarisch sein, in der Öffentlichkeit zu essen. Ein Mann auf der anderen Seite des Raumes hatte sich mit Wein und Fleisch gefüllt; er war gerade im Begriff, sich eine große Zigarre anzuzünden, und ein Ausdruck von Wohlbehagen überzog sein feistes Gesicht. Seine gleichfalls dicke Frau zündete sich eine Zigarette an. Beide schienen der Welt verloren zu sein.

Und da standen sie, die gelben Osterglocken, und niemand schien sie zu beachten. Sie waren nur als Dekoration gedacht, was ohne jeden Sinn war; und da man sie betrachtete, erfüllte ihr gelber Glanz den lärmenden Raum. Farbe hat eine seltsame Wirkung auf das Auge. Es war nicht so sehr, daß das Auge die Farbe absorbierte, sondern daß man sich von der Farbe ganz durchdrungen fühlte. Man war diese Farbe; man wurde nicht zu jener Farbe, man war sie, ohne Identifizierung oder Namen; man war die Anonymität, die Unschuld ist. Wo keine Anonymität ist, da gibt es Gewalttätigkeit in ihren verschiedenen Formen.

Aber man vergaß die Welt, den raucherfüllten Raum, die Grausamkeit des Menschen und das rote häßliche Fleisch; diese schönen Osterblumen schienen über alle Zeit hinwegzuheben.

Liebe ist dem gleich. In ihr gibt es keine Zeit, keinen Raum, keine Identität. Die Identität ist es, die Lust und Leid erzeugt; es ist die Identität, die Haß und Krieg hervorbringt und eine Mauer um die Menschen baut, um jeden einzelnen, jede Familie und jede Gemeinschaft. Der Mensch greift über die Mauer nach dem anderen Menschen – aber auch er ist eingeschlossen; Moral ist ein Wort, das die beiden verbindet, und so wird sie häßlich und fruchtlos.

Liebe gleicht dem nicht; sie ist wie jener Wald gegenüber der Straße, der sich immer selbst erneuert, weil er ständig stirbt. In ihr gibt es keine Dauer, wie sie das Denken sucht. Liebe ist eine Bewegung, die der Gedanke niemals verstehen, berühren oder erfühlen kann. Der Gefühlszustand des Denkens und das Gefühl der Liebe sind zwei verschiedene Dinge; der eine führt zur Knechtschaft und das andere zur Entfaltung des Guten. Dieses Erblühen liegt nicht in dem Bereich irgendeiner Gesellschaft, Kultur oder Religion, während die Knechtschaft zu jeder Gesellschaft, zu allen Religionen und dem Glauben an eine andere Welt gehört. Liebe ist anonym, daher nicht gewalttätig. Genußsucht ist gewalttätig, denn Wunsch und Wille sind bewegende Faktoren darin. Liebe kann nicht durch das Denken oder durch gute Werke erzeugt werden. Die Absage an den gesamten Denkprozeß wird zur Schönheit der Handlung, die Liebe ist. Ohne sie gibt es keine Seligkeit der Wahrheit.

Und drüben auf der Tafel standen die Osterglocken.

34

Zweckloses Suchen

Meditation ist das Erwachen der Glückseligkeit; sie ist Sinnesempfindung und geht darüber hinaus. Sie hat keine Fortdauer, denn sie gehört nicht der Zeit an. Das Glück und die Freude der Verbundenheit, der Anblick einer Wolke, die sich von der Erde tragen läßt, und der

Glanz des Frühlings auf den Blättern entzücken Auge und Geist. Dieses Entzücken kann vom Denken entwikkelt werden, und das Denken kann ihm im Raume der Erinnerung Dauer verleihen, aber es ist nicht die Seligkeit der Meditation, in die die Intensität der Sinne mit eingeschlossen ist. Die Sinne müssen fein sein und dürfen in keiner Weise verdorben sein durch das Denken, durch die Disziplin der Gleichschaltung und der gesellschaftlichen Moral. Freiheit der Sinne ist nicht das Schwelgen darin; das Schwelgen ist der Genuß des Denkens. Der Gedanke ist wie der Rauch eines Feuers, und Glückseligkeit ist das Feuer ohne die Rauchwolke, die Tränen in die Augen treibt. Genuß ist eine Sache und Seligkeit eine andere. Genußsucht ist die Knechtschaft des Denkens, und Glückseligkeit liegt jenseits, weitab vom Denken. Die Grundlage der Meditation ist das Verstehen des Denkens und des Genusses mit ihrer Moral und der disziplinierten Anpassung, die Trost spendet. Die Glückseligkeit der Meditation kennt weder Zeit noch Dauer; sie liegt jenseits davon und ist daher nicht meßbar. Ihre Ekstase liegt nicht im Blickfeld des Betrachters, noch ist sie eine Erfahrung des Denkers.

Das Denken kann mit seinen Worten und Symbolen nicht daran rühren und nicht mit der Verwirrung, die es hervorbringt; Meditation ist nicht ein Wort, das im Denken Wurzel fassen kann, und sie wird nicht durch das Denken geformt. Diese Glückseligkeit kommt aus dem vollkommenen Schweigen.

Es war ein lieblicher Morgen mit schnell dahineilenden Wolken und einem klaren blauen Himmel. Es hatte geregnet, und die Luft war rein. Jedes Blatt war neu, und der trübselige Winter war vorüber. Jedes Blatt in dem funkelnden Sonnenschein wußte, daß es keinen Zusammenhang mit dem Frühling des letzten Jahres hatte. Die Sonne schien durch die jungen Blätter und verbreitete ein sanftes grünes Licht über dem nassen Pfad, der durch die Wälder zur Hauptstraße führte, die zu der großen Stadt weiterging.

Kinder spielten herum, aber sie schenkten diesem lieblichen Frühlingstag keine Beachtung. Sie hatten dazu auch keine Veranlassung, denn sie waren der Frühling. Ihr Lachen und ihr Spiel waren Teil des Baumes, des Blattes und der Blume. Man fühlte das, man bildete es sich nicht ein. Es war, als ob die Blätter und die Blumen teilnahmen an dem Lachen und dem Rufen und an dem Ballon, der vorbeiflog. Jeder Grashalm und der gelbe Löwenzahn und das zarte Blatt, das so verletzlich war, alle waren Teil der Kinder, und die Kinder waren Teil der ganzen Erde. Die trennende Linie zwischen Mensch und Natur verschwand. Aber der Mann auf der Rennstrecke in seinem Wagen und die Frau, die vom Markte zurückkehrte, bemerkten nichts davon. Wahrscheinlich schauten sie niemals den Himmel an, das zitternde Blatt, den weißen Flieder. Sie trugen ihre Probleme in ihrem Herzen mit sich, und das Herz schaute niemals auf die Kinder oder auf den strahlenden Frühlingstag. Es war nur schade, daß sie diese Kinder zur Welt brachten und die Kinder bald zu dem Mann auf der Rennstrecke werden würden und zu der Frau, die vom Markte zurückkehrte – und die Welt würde wieder freudlos sein. Darin liegt das nicht enden wollende Leid. Die Liebe auf jenem Blatt würde mit dem kommenden Herbst hinweggeblasen werden.

Er war ein junger Mann mit Frau und Kindern. Er schien hochgebildet, intellektuell und verstand die Worte zu gebrauchen. Er war ziemlich mager und saß bequem in dem Lehnstuhl – die Beine gekreuzt, die Hände gefaltet im Schoß, und seine Brillengläser funkelten im Licht der Sonne, die durch das Fenster schien. Er sagte, er hätte immer gesucht – nicht nur philosophische Wahrheiten, sondern die Wahrheit, die jenseits von Wort und System liege.

Ich nehme an, daß Sie suchen, weil Sie unzufrieden sind?

«Nein, ich bin nicht eigentlich unzufrieden. Gleich jedem anderen Menschen bin ich unbefriedigt, aber das ist nicht der Grund für das Suchen. Es ist kein Suchen durch das Mikroskop oder das Teleskop oder das Suchen des Priesters nach seinem Gott. Ich kann nicht sagen, was ich suche; ich kann es nicht genau bezeichnen. Es scheint mir so, als wäre ich damit geboren worden, und obgleich ich glücklich verheiratet bin, geht das Suchen dennoch weiter. Es ist keine Flucht. Ich weiß wirklich nicht, was ich finden möchte. Ich habe mit einigen klugen Philosophen darüber gesprochen und mit religiösen Missionaren aus dem Osten, und sie alle haben mir geraten, in meinem Suchen fortzufahren und niemals damit aufzuhören. Nach all diesen Jahren ist es noch immer eine ständige Störung.»

Sollte man überhaupt suchen? Man sucht immer nach etwas, das drüben auf dem anderen Ufer liegt, in der Ferne, verdeckt durch die Zeit und große Fortschritte. Suchen und Finden liegen in der Zukunft – drüben, genau hinter dem Hügel. Das ist die wesentliche Bedeutung des Suchens. Da ist einmal die Gegenwart und dann das, was in der Zukunft gefunden werden soll. Die Gegenwart ist nicht ausreichend aktiv und lebendig, und darum ist natürlich das, was jenseits des Hügels liegt, verlockender und anspruchsvoller. Der Wissenschaftler, wenn er sein Auge in das Mikroskop gedrückt hat, wird niemals die Spinne auf der Mauer sehen, obgleich das Gespinst seines Lebens nicht im Mikroskop steckt, sondern im gegenwärtigen Leben.

«Meinen Sie damit, daß es vergeblich ist, zu suchen, daß in der Zukunft keine Hoffnung liegt, daß allein die Gegenwart von Bedeutung ist?»

Alles Leben liegt in der Gegenwart, nicht im Schatten des Gestern oder in dem Glanz der Zuversicht auf Morgen. Um in der Gegenwart zu leben, muß man von der Vergangenheit und vom Morgen frei sein. Nichts wird im Morgen gefunden, denn Morgen ist die Gegenwart, und Gestern ist nur eine Erinnerung. So wird der Abstand zwischen dem, was gefunden werden soll und dem, was *ist,* durch das Suchen immer mehr vergrößert – so angenehm und tröstlich dieses Suchen auch sein mag.

Ständig den Zweck des Lebens zu suchen, ist einer der merkwürdigen Fluchtversuche des Menschen. Wenn er findet, was er sucht, wird es nicht des Kieselsteins auf dem Wege wert sein. Um in der Gegenwart zu leben, darf der Mensch nicht durch die Erinnerung an gestern oder die strahlende Hoffnung auf morgen gespalten werden: Er darf kein Morgen und kein Gestern haben. Das ist keine poetische Behauptung, sondern eine aktuelle Tatsache. Poesie und Einbildung haben in der aktiven Gegenwart keinen Platz. Nicht, daß Sie die Schönheit verneinen; aber Liebe ist jene Schönheit in der Gegenwart, die nicht durch Suchen gefunden werden kann.

«Ich glaube, ich beginne die Nutzlosigkeit der Jahre einzusehen, die ich mit Suchen vertan habe, mit den Fragen, die ich mir und anderen gestellt habe und den nutzlosen Antworten.»

Das Ende ist der Anfang, und der Anfang ist der erste Schritt, und der erste Schritt ist der einzige Schritt.

35

Lernen

Er war ein ziemlich derber Mann, voller Interessen und Tatkraft. Er hatte sehr viel gelesen und sprach mehrere Sprachen. Er hatte den Osten besucht und wußte ein wenig über indische Philosophie, er hatte die sogenannten heiligen Bücher gelesen und war dem einen oder anderen Guru gefolgt. Und jetzt war er hier, in diesem kleinen Raum, von dem aus man ein grünes Tal überblickte, das in der Morgensonne lächelte. Die schneebedeckten Bergspitzen glitzerten, und gewaltige Wolken schoben sich gerade über die Berge. Es versprach ein sehr schöner Tag zu werden, und in dieser Höhe war die Luft klar und das Licht durchdringend. Der Sommer begann gerade, und in der Luft lag noch die Kälte des Frühlings. Es war ein ruhiges Tal, besonders zu dieser Jahreszeit, erfüllt von Schweigen und dem Klang der Kuhglocken und dem Duft der Kiefern und des frisch gemähten Grases. Viele Kinder waren da, die lärmten und spielten, und an diesem frühen Morgen lag ein Entzücken in der Luft, und die Schönheit des Landes ergriff die Sinne. Das Auge sah den blauen Himmel und die grüne Erde, und ein Frohlocken lag über allem.

«Rechtschaffenheit drückt sich im Verhalten aus – wenigstens haben Sie das gesagt. Ich habe Ihnen einige Jahre lang zugehört, in verschiedenen Teilen der Welt, und ich habe die Lehre begriffen. Ich versuche nicht, diese Lehre im Leben in Handlung umzusetzen, denn dann wird sie zu einer anderen Schablone, zu einer anderen Form der Nachahmung, der Annahme einer neuen Formel. Ich sehe die Gefahr, die darin liegt. Ich habe von dem, was Sie gesagt haben, sehr viel in mich aufgenommen, und es ist fast Bestandteil von mir geworden. Das mag die Handlungsfreiheit verhindern – worauf Sie so bestehen. Unser Leben ist niemals frei und spontan. Ich muß mein tägliches Leben führen, aber ich bin immer wachsam, um dafür zu sorgen, daß ich nicht bloß einer neuen Schablone folge, die ich selbst geschaffen habe. So scheine ich ein Doppelleben zu führen; da ist die gewöhnliche Tätigkeit, die Familie, die Arbeit und so fort, und auf der anderen Seite ist da die Lehre, die Sie gegeben haben, an der ich tief interessiert bin. Wenn ich der Lehre folge, dann bin ich dasselbe wie irgendein Katholik, der sich einem Dogma anpaßt. Von wo aus handelt man nun im täglichen Leben, wenn man nach der Lehre lebt, ohne sich ihr einfach anzupassen?»

Es ist notwendig, die Lehre und den Lehrer beiseite zu tun und auch den Gefolgsmann, der versucht, ein Leben anderer Art zu führen. Es gibt nur das Lernen: im Lernen liegt das Tun. Das Lernen ist nicht von der Handlung getrennt. Wenn beide getrennt sind, dann ist Lernen eine Idee oder eine Reihe von Idealen, aus denen heraus die Handlung geschieht, wohingegen Lernen ein Tun ist, in dem es keinen Konflikt gibt. Wenn das verstanden worden ist, was für ein Problem gibt es dann noch? Das Lernen ist keine Abstraktion, keine Idee, sondern ein aktuelles Lernen über etwas. Sie können nicht lernen ohne gleichzeitiges Tun; Sie können über sich selbst nichts lernen, ausgenommen in der Handlung. Es ist nicht so, daß

Sie zuerst etwas über sich lernen und dann von diesem Wissen aus handeln, denn dann wird diese Handlung nachahmend und paßt sich Ihrem angehäuften Wissen an.

«Aber ich werde in jedem Augenblick durch dieses oder jenes herausgefordert, und ich reagiere, wie ich es immer getan habe – was oft Konflikt bedeutet. Ich würde gerne verstehen, wie das, was Sie über das Lernen gesagt haben, auf die alltäglichen Situationen anzuwenden ist.»

Herausforderungen müssen immer neu sein, sonst sind es keine Herausforderungen, sondern Reaktionen, die alt und unangemessen sind und Konflikt mit sich bringen. Sie fragen, was es darüber zu lernen gibt. Da ist das Lernen hinsichtlich der Reaktionen, wie sie entstehen, ihr Hintergrund und ihr Bedingtsein, und so lernt man die ganze Struktur und Natur der Reaktion kennen. Dieses Lernen ist keine Anhäufung, aus der Sie auf die Herausforderung antworten. Lernen ist eine Bewegung, die nicht im Wissen verankert ist. Wenn sie verankert ist, hört es auf, lebendige Bewegung zu sein. Die Maschine, der Computer ist verankert. Das ist der grundlegende Unterschied zwischen dem Menschen und der Maschine. Lernen ist Beobachten, Sehen. Wenn Sie von einem angehäuften Wissen aus sehen, dann ist das Sehen begrenzt, und es gibt in diesem Sehen nichts Neues.

«Sie sagen, man lernt die ganze Struktur der Reaktion kennen. Das scheint mir zu bedeuten, daß es ein gewisses angehäuftes Volumen des Gelernten gibt. Auf der anderen Seite aber sagen Sie, daß das Lernen, von dem Sie sprechen, so fließend ist, daß es überhaupt nichts anhäuft.»

Unsere Ausbildung ist die Anhäufung einer Wissensmenge, und der Computer macht das schneller und akkurater. Welche Notwendigkeit besteht für eine solche Ausbildung? Die Maschinen sind dabei, den größten Teil der Tätigkeit des Menschen zu übernehmen. Wenn Sie sagen, wie es die Leute tun, daß Lernen die Anhäufung einer Wissensmenge ist, dann verleugnen Sie doch die Bewegung des Lebens, die sich in den Beziehungen und in der Verhaltensweise ausdrückt, nicht wahr? Wenn Beziehung und Verhalten auf früherer Erfahrung und früherem Wissen basieren, liegt dann darin echte Beziehung? Ist Erinnerung mit all ihren Assoziationen die wahre Basis von Beziehungen? Erinnerung besteht aus Bildern und Begriffen, und wenn Sie Ihre Beziehung auf Symbole, Bilder und Worte gründen, kann sie dann jemals eine echte Beziehung sein?

Wie wir sagten, ist Leben eine Bewegung in unseren Beziehungen, und wenn diese Beziehung an die Vergangenheit, an die Erinnerung gebunden ist, dann ist ihre Bewegung begrenzt und wird quälend.

«Ich verstehe sehr gut, was Sie sagen, und frage wiederum, von wo aus handeln Sie? Widersprechen Sie sich nicht selbst, wenn Sie sagen, daß man lernt, indem man die gesamte Struktur der eigenen Reaktionen beobachtet, und zur gleichen Zeit meinen, daß Lernen Anhäufung ausschließt?»

Das Sehen der Struktur ist lebendig, es ist beweglich; aber wenn dieses Sehen zur Struktur beisteuert, dann wird die Struktur weit wichtiger als das Sehen, welches das Leben ist. Darin liegt kein Widerspruch. Wir sagen, daß das Sehen weit wichtiger ist als die Beschaffenheit der Struktur. Wenn Sie dem Lernen über die Struktur Bedeutung zumessen und nicht dem Lernen als dem Sehen, dann ist ein Widerspruch da; dann ist das Sehen eine Sache und das Lernen über die Struktur eine andere.

Sie fragen, welches die Quelle ist, von der aus man handelt. Wenn es einen Ursprung der Handlung gibt, dann ist es die Erinnerung, das Wissen, die der Vergangenheit angehören. Wir sagten: Das Sehen *ist* die Handlung; diese beiden Dinge sind nicht getrennt. Und das Sehen ist immer neu, und somit ist das Handeln immer neu. Daher bringt das Sehen der täglichen Reaktion das Neue hervor, das Sie Spontaneität nennen. In dem Augenblick des Ärgers gibt es kein Wiedererkennen des Ärgers als solchem. Das Wiedererkennen findet ein paar Sekunden später statt – als «ärgerlich sein». Ist dieses Sehen des Ärgers ein wertungsfreies Gewahrsein des Ärgers, oder ist es wiederum bewertende Feststellung, die auf dem Alten basiert? Wenn es auf dem Alten basiert, dann sind alle Reaktionen auf diesen Ärger – Unterdrükkung, Kontrolle, Nachgeben und so fort – traditionsgebundene Handlungen. Aber wenn das Sehen wertungsfrei ist, dann ist nur das Neue da.

Daraus entsteht ein anderes interessantes Problem: unsere Abhängigkeit von den Herausforderungen, um uns wach zu halten, um uns herauszulocken aus der Routine, der Tradition, der festgelegten Ordnung, sei es durch Blutvergießen, Revolte oder eine andere Umwälzung.

«Ist es für den Menschen überhaupt möglich, nicht von Herausforderungen abhängig zu sein?»

Es ist möglich, wenn sich der Mensch einem ständigen Wandel unterzieht und keine bleibende Stätte hat, keinen sicheren Ankerplatz, keine festgelegten Interessen oder Bindungen. Ein erwachter Geist, ein Geist, der erleuchtet ist – Herausforderungen welcher Art hat er noch nötig?

36

Tod

Meditation ist die Handlung des Schweigens. Wir handeln auf Grund von Meinungen, von Schlußfolgerungen und Wissen oder aus spekulativen Absichten. Das führt unvermeidlich zum Widerspruch in der Handlung zwischen dem, was ist, und dem, was sein sollte, oder dem, was gewesen ist. Diese Handlung aus der Vergangenheit, Wissen genannt, ist mechanisch; sie ist wohl der Anpassung und Modifizierung fähig, hat aber seine Wurzeln in der Vergangenheit. Und so überzieht der Schatten der Vergangenheit immer die Gegenwart. Eine solche Handlung in den Beziehungen zur Umwelt ist das Ergebnis von Bildern, Symbolen, Überzeugungen. Beziehung ist dann eine Sache der Vergangenheit und ist damit Erinnerung und nichts Lebendiges. Aus diesem Geschwätz, dieser Unordnung und dem Widerspruch vollziehen sich unsere Handlungen, die in Schablonen der Kultur, der Gemeinschaften, der sozialen Institutionen und religiösen

Dogmen zerfallen. Aus diesem ewigen Gezänk heraus macht man die Revolution einer neuen sozialen Ordnung, die den Anschein erwecken soll, als sei sie wirklich etwas Neues, aber sie spielt sich nur innerhalb des Bekannten ab und hat mit Verwandlung überhaupt nichts zu tun. Verwandlung ist nur möglich, wenn das Bekannte verneint wird; Handlung wird dann nicht von einem Schema abgeleitet, sondern kommt aus einer Intelligenz, die sich ständig erneuert.

Intelligenz ist nicht Unterscheidung und Urteil oder kritische Bewertung. Intelligenz ist das Sehen dessen, was ist. Das, was ist, verändert sich ständig, und wenn das Sehen in der Vergangenheit verankert ist, hört es auf intelligent zu sein. Dann diktiert das tote Gewicht der Erinnerung die Handlung, und nicht die Intelligenz der Wahrnehmung. Meditation ist das Erfassen all dieser Dinge mit einem Blick. Und um zu sehen, muß Schweigen sein; und aus diesem Schweigen entspringt eine Handlung, die völlig anders ist als die Aktivitäten des Denkens.

Es hatte den ganzen Tag geregnet, und jedes Blatt und jede Blüte triefte von Wasser. Der Fluß war angeschwollen und hatte sein klares Wasser verloren; nun war es schmutzig und strömte schnell dahin. Nur die Spatzen waren geschäftig und die Krähen und die großen schwarz-weißen Elstern. Die Berge waren mit Wolken bedeckt, und die niedrig gelegenen Hügel waren kaum sichtbar. Ein paar Tage lang hatte es nicht geregnet, und der Duft des frischen Regens auf der trockenen Erde war eine Wohltat. Wenn man in tropischen Ländern war, wo es monatelang nicht regnet und an jedem Tag eine strahlende heiße Sonne die Erde ausdörrt, und dann der erste Regen fällt, würde man den Duft des frischen Regens, der auf die alte nackte Erde fällt, mit einem Entzücken einatmen, das in die Tiefe des Herzens dringt. Aber hier in Europa war der Duft von anderer Art, er war zarter, nicht so stark, nicht so durchdringend. Er war wie eine sanfte Brise, die bald verweht.

Der nächste Tag zeigte am frühen Morgen einen klaren blauen Himmel; alle Wolken waren verschwunden, und man sah funkelnden Schnee auf den Bergspitzen, frisches Gras auf den Wiesen und tausend neue Frühlingsblumen. Es war ein Morgen von unsagbarer Schönheit; und Liebe lag auf jedem Grashalm.

Er war ein wohlbekannter Filmregisseur und, überraschenderweise, überhaupt nicht eitel. Er war im Gegenteil sehr freundlich, schnell bereit zu lächeln. Er hatte viele erfolgreiche Filme gedreht, und andere kopierten sie. Wie alle mehr sensitiven Regisseure war er an dem Unbewußten interessiert, an phantasievollen Träumen, an Konflikten, um sie im Film darzustellen. Er hatte die Idole der Analytiker studiert und hatte zu experimentellen Zwekken selbst Drogen eingenommen.

Der menschliche Geist wird durch die Kultur, in der er lebt, erheblich beeinflußt – durch ihre Tradition, durch ihre wirtschaftliche Beschaffenheit und besonders durch ihre religiöse Propaganda. Der Mensch sträubt sich energisch dagegen, Sklave eines Diktators oder der Tyrannei des Staates zu sein, doch bereitwillig unterwirft er sich der Tyrannei der Kirche oder der Moschee oder den neuesten, modernsten psychiatrischen Dogmen. Angesichts des großen, hilflosen Elends erfindet er geschickt einen neuen Heiligen Geist oder einen neuen Atman, die bald zu dem Bilde werden, das anzubeten ist.

Der Mensch, der solche Verwüstungen in der Welt angerichtet hat, fürchtet sich im Grunde vor sich selbst. Er weiß von der materialistischen Zielsetzung der Wissenschaft, von ihren Erfolgen, ihrer wachsenden Herrschaft über den Menschen, und so beginnt er eine neue Philosophie zusammenzubauen. Die Philosophien von gestern machen neuen Theorien Platz, aber die grundlegenden Probleme des Menschen bleiben ungelöst.

Inmitten dieses Tumults von Krieg, Zwietracht und äußerster Selbstsucht steht als Hauptproblem der Tod. Die Religionen, die ganz alten oder die modernen, haben den Menschen von bestimmten Dogmen, Hoffnungen und Glaubenssätzen abhängig gemacht, die auf dieses Grundproblem eine konventionelle Antwort geben; aber auf den Tod kann das Denken, kann der Intellekt keine Antwort geben. Er ist eine Tatsache, und man kann ihn nicht überlisten.

Man muß sterben, um herauszufinden, was der Tod ist, und das vermag der Mensch augenscheinlich nicht, denn er fürchtet sich davor, alles ihm Bekannte preiszugeben, sich von den innersten, tief verwurzelten Hoffnungen und Wunschbildern zu lösen.

Es gibt wirklich kein Morgen, aber viele Morgen liegen zwischen der Gegenwart des Lebens und der Zukunft des Todes. In dieser trennenden Kluft lebt der Mensch in Furcht und Unruhe, aber – immer hat er ein Auge auf das, was unvermeidlich ist. Er wünscht nicht einmal darüber zu sprechen und dekoriert das Grab mit all den Dingen, die er kennt.

Sich von allen Dingen, die man kennt, loszusagen – nicht von den besonderen Formen des Wissens, sondern von allem Wissen –, ist Tod. Die Zukunft – den Tod – einzuladen, den ganzen Tag in seine Gegenwart einzubeziehen, ist das totale Sterben; dann gibt es keinen Unterschied zwischen Leben und Tod. Dann ist der Tod Leben, und Leben ist Tod.

Das zu tun ist augenscheinlich niemand bereit. Dennoch sucht der Mensch weiterhin das Neue; immer behält er in einer Hand das Alte und greift mit der anderen in das Unbekannte, nach dem Neuen. So entsteht der unvermeidliche Konflikt der Dualität – das Ich und das Nicht-Ich, der Beobachter und das Beobachtete, die Tatsache und das, was sein sollte.

Diese Unruhe hört vollkommen auf, wenn das Bekannte endet. Diese Beendigung ist der Tod. Der Tod ist keine Idee, kein Symbol, sondern eine schreckliche Realität, und man kann ihm unmöglich entrinnen, indem man sich an die Dinge des Heute hängt, die ja von gestern sind, oder wenn man das Symbol der Hoffnung anbetet.

Man muß vor dem Tode geistig sterben; nur dann wird die Unschuld geboren, nur dann tritt das zeitlos Neue ins Leben. Liebe ist immer neu, und die Erinnerung daran ist der Tod der Liebe.

37

Schönheit

Es WAR EINE WEITE, üppige Wiese mit grünen Bergen rundherum. An diesem Morgen glänzte und glitzerte sie vom Tau, und die Vögel sangen Himmel und Erde an. Auf dieser Wiese mit so vielen Blumen stand ein einzelner Baum, majestätisch und allein. Er war hochgewachsen und wohlgeformt, und an diesem Morgen hatte er eine besondere Bedeutung. Er warf einen langen tiefen Schatten, und zwischen dem Baum und dem Schatten lag eine ungewöhnliche Stille. Sie kommunizierten miteinander – die Wirklichkeit und die Unwirklichkeit, das Symbol und die Tatsache. Es war wirklich ein prächtiger Baum, mit seinen neuen Frühlingsblättern, die im Winde flatterten. Er war gesund, noch nicht wurmstichig, und von großer Majestät. Er war nicht mit den Gewändern der Majestät umkleidet, sondern er war selbst großartig und imposant. Zum Abend würde er sich in sich zurückziehen, schweigend und unbekümmert, obgleich ein Sturm wehen könnte; und mit der aufgehenden Sonne würde er auch aufwachen und seinen üppigen Segen über die Wiese, über die Berge, über die Erde ausströmen.

Die blauen Eichelhäher riefen, und die Eichhörnchen waren an diesem Morgen sehr lebhaft. Die Schönheit des Baumes in seiner Einsamkeit ergriff dein Herz. Es war nicht die Schönheit dessen, was du sahest, es war Schönheit an sich. Obgleich deine Augen lieblichere Dinge gesehen hatten, war es nicht das gewohnte Auge, das diesen Baum sah, allein, gewaltig, und voller Wunder. Er mußte ein hohes Alter haben, aber du empfandest ihn durchaus nicht als alt. Da du hingingst und in seinem Schatten saßest, mit dem Rücken gegen den Stamm, fühltest du die Erde, die Kraft in diesem Baum und seine große Ferne. Du konntest fast zu ihm sprechen, und er erzählte dir viele Dinge. Aber immer war da das Gefühl, er sei weit entfernt, obgleich du ihn berührtest und seine harte Borke fühltest, auf der viele Ameisen hinaufliefen. An diesem Morgen war sein Schatten sehr deutlich und klar und schien sich über die Hügel hinaus zu anderen Hügeln hin zu erstrecken. Es war wirklich ein Platz für Meditation, wenn du zu meditieren weißt. Es war sehr still, und der Geist wurde, wenn er wachsam und klar war, auch ruhig, unbeeinflußt durch die Umgebung, er wurde ein Teil dieses strahlenden Morgens, mit dem Tau, der noch auf dem Gras und dem Ried lag. Diese Schönheit würde immer da sein, auf der Wiese mit diesem Baum.

Er war ein Mann mittleren Alters, gut gepflegt und geschmackvoll gekleidet. Er sagte, daß er sehr viel gereist wäre, wenn auch nicht mit besonderem Anliegen. Sein Vater hatte ihm etwas Geld hinterlassen, und er hatte ein Stück von der Welt gesehen, nicht nur was darauf war, sondern auch alle jene seltenen Dinge in den inhaltsreichen Museen. Er sagte, daß er Musik liebe und gelegentlich spiele. Er schien auch sehr belesen zu sein. Im Laufe der Unterhaltung sagte er: «Es gibt so viel Gewalttätigkeit, Ärger und Haß zwischen den Menschen. Wir scheinen die Liebe verloren zu haben, und keine Schönheit wohnt in unseren Herzen; vielleicht haben wir sie nie besessen. Liebe ist zu einem so billigen Gebrauchsartikel geworden, und künstliche Schönheit ist wichtiger geworden als die Schönheit der Berge, der Bäume und der Blumen. Die Schönheit der Kinder verblaßt sehr schnell. Das ist mir in bezug auf Schönheit und Liebe aufgefallen. Lassen Sie uns darüber sprechen, wenn Sie ein wenig Zeit erübrigen können.»

Wir saßen an einem Flußufer. Hinter uns war eine Eisenbahnlinie und Hügel, übersät mit Chalets und Bauernhäusern.

Liebe und Schönheit können nicht getrennt werden. Ohne Liebe gibt es keine Schönheit, sie sind miteinander verzahnt, sind untrennbar. Wir haben unseren Geist, unseren Intellekt, unsere Klugheit in einem solchen Maße ausgebildet, zu solch einer zerstörenden Wirkung, daß sie vorherrschen und das entweihen, was man Liebe nennen mag. Natürlich ist das Wort durchaus nicht das Wirkliche, ebensowenig wie der Schatten des Baumes der Baum ist. Wir werden nicht herausfinden können, was diese Liebe ist, wenn wir nicht von unserer Klugheit herunterkommen, von den Höhen unserer intellektuellen Sophisterei, wenn wir kein Gefühl für das glitzernde Wasser haben und dieses frische Gras nicht wahrnehmen. Ist es möglich, diese Liebe in Museen zu finden, in der reich verzierten Schönheit des Kirchenrituals, im Kino oder im Antlitz einer Frau? Ist es nicht von Bedeutung, selbst herauszufinden, wie wir uns den einfachen Dingen des Lebens entfremdet haben? Nicht, daß wir neurotisch die Natur anbeten sollten, aber wenn wir die Verbindung mit der Natur verlieren, bedeutet das nicht auch, daß wir den Kontakt mit dem Menschen, mit uns selbst verlieren? Wir suchen Schönheit und Liebe außerhalb unserer selbst, bei den Menschen, im Besitz. Sie werden wichtiger als die Liebe selbst. Besitz bedeutet Genuß, und weil wir am Genuß festhalten, wird die Liebe vertrieben. Schönheit ist in uns, nicht notwendigerweise in den Dingen um uns. Wenn die Dinge um uns wichtiger werden und wir die Schönheit in sie investieren, dann verringert sich die Schönheit in uns. Da die Welt gewalttätiger, materialistischer wird, werden die Museen und alle anderen Besitztümer immer mehr zu den Dingen, mit denen wir unsere Nacktheit zu verhüllen und unsere Hohlheit zu füllen versuchen.

«Warum meinen Sie, daß, wenn wir Schönheit in den Menschen und Dingen um uns finden und wenn wir Freude erleben, sich dadurch die Schönheit und die Liebe in uns verringern?»

Alle Abhängigkeit erzeugt Besitzgier in uns, und wir werden zu der Sache, die wir besitzen. Ich besitze dieses Haus – ich *bin* dieses Haus. Jener Mann auf dem Rücken des Pferdes, der vorbeireitet, *ist* der Besitzerstolz, obgleich die Schönheit und Würde des Pferdes bedeutsamer sind als der Mensch. So muß die Abhängigkeit von der Schönheit einer Silhouette oder der Lieblichkeit eines Gesichtes sicherlich den Beobachter selbst herabmindern, was nicht bedeutet, daß wir die Schönheit einer Linie oder die Lieblichkeit eines Gesichtes ächten müßten; es bedeutet, daß, wenn die Dinge draußen große Bedeutung gewinnen, wir innerlich von Armut beherrscht werden.

«Sie sagen, daß ich innerlich arm bin, wenn ich auf jenes liebliche Gesicht reagiere. Doch wenn ich auf dieses Gesicht oder auf die Linie eines Gebäudes nicht reagiere, bin ich isoliert und gefühllos.»

Wo Isolierung ist, muß zwangsläufig Abhängigkeit bestehen, und Abhängigkeit erzeugt Genußsucht und daher Furcht. Wenn Sie überhaupt nicht reagieren, besteht entweder Paralyse, Gleichgültigkeit oder ein Gefühl der Verzweiflung, das durch die Hoffnungslosigkeit stetiger Befriedigung entstanden ist. So sitzen wir ewig in dieser Falle von Verzweiflung und Hoffnung, Furcht und Vergnügen, Liebe und Haß. Wenn innere Armut da ist, besteht der Drang, sie zu füllen. Das ist die Hölle der Gegensätze, der Gegensätze, die unser Leben füllen und den Lebenskampf hervorrufen. Alle diese Gegensätze sind identisch, denn sie sind Zweige aus der gleichen Wurzel. Liebe ist nicht das Produkt der Abhängigkeit, und Liebe hat keinen Gegensatz.

«Gibt es nicht Häßlichkeit in der Welt? Und ist sie nicht der Gegensatz zur Schönheit?»

Natürlich gibt es Häßlichkeit in der Welt, wie Haß, Gewalttätigkeit und so fort. Warum vergleichen Sie das mit der Schönheit, mit der Nicht-Gewalt? Wir vergleichen es, weil wir eine Wertskala haben, und das, was wir Schönheit nennen, stellen wir an die Spitze und die Häßlichkeit an das untere Ende. Können Sie nicht auf die Gewalttätigkeit schauen, ohne zu vergleichen? Und was geschieht, wenn Sie es tun? Sie erkennen dann, daß Sie sich nur mit Tatsachen befassen, nicht mit Meinungen oder mit dem, was sein sollte, nicht mit Maßstäben. Wir können uns mit dem, was ist, beschäftigen und unmittelbar handeln. Was sein sollte, wird eine Ideologie und ist somit unrealistisch und daher nutzlos. Schönheit ist nicht vergleichbar, ebensowenig wie die Liebe, und wenn Sie sagen: «Ich liebe dieses mehr als jenes», dann hört es auf, Liebe zu sein.

«Um zu dem zurückzukehren, was ich sagte: Wenn man sensitiv ist, reagiert man ohne weiteres und ohne Komplikationen auf das liebliche Gesicht, auf die schöne Vase. Diese gedankenlose Reaktion gleitet unmerklich in die Abhängigkeit und den Genuß und in die ganzen Verwicklungen, die Sie beschreiben. Abhängigkeit erscheint mir daher unvermeidlich.»

Gibt es etwas, das unvermeidlich ist – ausgenommen vielleicht den Tod?

«Wenn es nicht unvermeidlich ist, bedeutet das, daß ich mein Verhalten lenken kann, das folglich mechanisch ist.»

Das Sehen des unvermeidlichen Prozesses bedeutet, *nicht* mechanisch zu sein. Aber der Geist, der sich weigert, zu sehen, was ist, wird mechanisch.

«Wenn ich das Unvermeidliche sehe, möchte ich noch wissen, wo und wie die Grenze zu ziehen ist.»

Sie brauchen keine Grenze zu ziehen, sondern das Sehen erzeugt seine eigene Handlung. Wenn Sie sagen, «wo soll ich die Grenzlinie ziehen?», ist das die Einmischung des Gedankens, der sich davor fürchtet, eingefangen zu werden, und der wünscht, frei zu sein. Sehen ist kein Denkprozeß; das Sehen ist immer neu und frisch und aktiv; das Denken ist immer alt, niemals frisch. Sehen und Denken gehören zwei gänzlich verschiedenen Ordnungen an, und diese beiden können niemals zusammenkommen. So haben Liebe und Schönheit keine Gegensätze und sind nicht das Ergebnis innerer Armut. Darum steht die Liebe am Anfang und nicht am Ende.

38

Glaube

DER KLANG DER KIRCHENGLOCKEN kam durch die Wälder, über das Wasser und über die tiefliegende Wiese. Der Klang war unterschiedlich, je nachdem, ob er durch die Wälder oder über die offenen Wiesen oder über den schnell fließenden, geräuschvollen Strom kam. Der Klang hat wie das Licht eine Beschaffenheit, die durch die Stille entsteht; je tiefer die Stille, umso mehr wird die Schönheit des Klanges wahrgenommen. An diesem Abend, da die Sonne gerade über die westlichen Hügel dahinglitt, war der Klang dieser Kirchenglocken ganz ungewöhnlich. Es war gerade so, als hörtest du die Glocken zum ersten Male. Sie waren nicht so alt wie die in den alten Kathedralen, aber sie gaben dem Abend die Stimmung. Keine Wolke war am Himmel. Es war der längste Tag des Jahres, und die Sonne ging so weit nördlich unter, wie es nur möglich war.

Wir hören kaum jemals auf das Gebell eines Hundes oder auf das Weinen eines Kindes oder das Lachen eines Menschen, der vorbeigeht. Wir sondern uns von allem ab, und aus dieser Isolierung schauen und lauschen wir auf alle Dinge. Es ist diese Absonderung, die so zerstörend ist, denn darin liegt aller Konflikt und alle Verwirrung. Wenn du dem Klang dieser Glocken mit vollkommenem Schweigen lauschtest, würdest du auf ihm schweben – oder besser, du würdest von dem Klang durch das Tal und über den Hügel hinweggetragen werden. Die Schönheit des Klanges wird nur empfunden, wenn Mensch und Klang nicht getrennt sind, wenn man Teil davon ist. Meditation ist das Ende der Absonderung, nicht durch eine Handlung des Willens oder Wünschens, oder indem man den Genuß von Dingen sucht, die man bisher noch nicht versucht hat.

Meditation ist nicht vom Leben getrennt; sie ist das eigentliche Wesen des Lebens, das Wesentliche des täglichen Daseins. Diesen Glocken zu lauschen, das Gelächter jenes Bauern zu hören, da er mit seiner Frau vorbeigeht, den Klang der Klingel an dem Fahrrad des kleinen vorbeifahrenden Mädchens zu hören: Darin liegt das Ganze und nicht nur ein Bruchstück des Lebens, das durch die Meditation erschlossen wird.

«Was ist für Sie Gott? In der modernen Welt, unter den Studenten, den Arbeitern und den Politikern ist Gott tot. Für die Priester ist es ein bequemes Wort, das es ihnen ermöglicht, sich an ihren Job, ihre festgelegten Interessen zu hängen, sowohl physisch wie spirituell. Und was den Durchschnittsmenschen betrifft, so glaube ich nicht, daß es ihn sehr beunruhigt, ausgenommen gelegentlich, wenn irgendein Unglück eintritt oder wenn er unter seinen ehrenwerten Nachbarn achtbar erscheinen möchte. Sonst hat es sehr wenig Bedeutung. So habe ich die ziemlich lange Reise hierher unternommen, um von Ihnen zu erfahren, was Sie glauben, oder wenn Sie dieses Wort nicht mögen, herauszufinden, ob Gott in Ihrem Leben existiert. Ich bin in Indien gewesen und habe verschiedene Lehrer und ihre Schüler in ihren dortigen Lehrstätten besucht. Sie alle glauben oder behaupten mehr oder weniger, daß es einen Gott gibt und weisen den Weg zu ihm. Ich würde gerne, wenn ich darf, mit Ihnen über diese recht wichtige Frage sprechen, die den Menschen seit Tausenden von Jahren verfolgt hat.»

Der Glaube ist eine Sache, Realität eine andere. Das eine führt zur Knechtschaft, und das andere ist nur in Freiheit möglich. Die beiden haben keine Beziehung zueinander. Der Glaube kann nicht aufgegeben oder beiseite gesetzt werden, um jene Freiheit zu erlangen. Freiheit ist keine Belohnung, sie ist nicht die Mohrrübe, die dem Esel vorgehalten wird. Es ist wichtig, das von Anfang an zu verstehen – den Widerspruch zwischen Glauben und Realität.

Glaube kann niemals zur Realität führen. Der Glaube ist das Ergebnis der Abhängigkeit oder die Folge von Furcht oder das Ergebnis einer äußeren oder inneren Autorität, die Trost gewährt. Realität ist nichts von alledem. Sie ist etwas völlig anderes, und es gibt keinen Übergang von diesem zu jenem. Der Theologe beginnt von einem festgelegten Standpunkt aus. Er glaubt an Gott, an einen Erlöser oder an Krishna oder Christus, und dann spinnt er Theorien aus gemäß seiner Voreingenommenheit und der Klugheit seines Verstandes. Er ist wie der Kommunist ein Theoretiker, an einen Begriff, an eine Formel gebunden, und was er sich ausdenkt, ist das Ergebnis seiner eigenen Überlegungen.

Die Unbedachten werden darin eingefangen wie die unvorsichtige Fliege in das Netz der Spinne. Der Glaube wird aus der Furcht oder aus der Tradition geboren. Auf zweitausend oder zehntausend Jahren der Propaganda beruht die religiöse Struktur der Worte mit den Riten,

Dogmen und Glaubenssätzen. Das Wort wird dann ungewöhnlich wichtig, und die Wiederholung dieses Wortes hypnotisiert die Leichtgläubigen. Der Leichtgläubige ist immer bereit zu glauben, anzunehmen, zu gehorchen, ganz gleich, ob das, was angeboten wird, gut oder schlecht, unheilvoll oder segensvoll ist. Der gläubige Mensch besitzt keinen forschenden Geist, und darum verharrt er innerhalb der Grenzen von Formeln und Prinzipien. Er ist wie ein Tier, das, an einen Pfosten gebunden, nur innerhalb der Reichweite des Strickes herumlaufen kann.

«Aber ohne den Glauben haben wir nichts! Ich glaube an das Gute; ich glaube an den heiligen Ehestand; ich glaube an das Jenseits und an die evolutionäre Entwicklung zur Vollkommenheit hin. Für mich sind diese Überzeugungen unendlich wichtig, denn sie geben mir die Richtung und den moralischen Halt. Wenn Sie mir den Glauben nehmen, bin ich verloren.»

Gut zu sein und gut zu werden sind zwei verschiedene Dinge. Das Sich-Entfalten des Guten ist kein Gut-Werden. Gut werden ist das Verneinen des Gutseins. Besser werden ist ein Verneinen dessen, was ist; das Bessere verdirbt das, was ist. Gut sein ist jetzt, in der Gegenwart; gut werden liegt in der Zukunft und ist die Erfindung des Verstandes, der eingefangen ist in einem Glauben, in einer Formel des Vergleichs und der Zeit. Wenn gemessen wird, hört das Gute auf.

Wichtig ist nicht das, *was* Sie glauben, welches Ihre Formeln, Prinzipien, Dogmen und Meinungen sind, sondern warum Sie sie überhaupt haben, warum Ihr Geist damit belastet ist. Sind sie wesentlich? Wenn Sie sich diese Frage ernsthaft stellen, werden Sie entdecken, daß sie das Resultat der Furcht sind oder aus der Gewohnheit kommen, zu akzeptieren. Diese fundamentale Furcht verhindert Sie, einbezogen zu sein in das, was tatsächlich *ist*. Diese Furcht trägt dazu bei, daß wir uns festlegen. Einbezogen zu sein ist natürlich; Sie sind in das Leben einbezogen, in Ihre Tätigkeiten verstrickt; Sie stehen im Leben mit allen seinen Tendenzen. Aber festgelegt zu sein ist die wohlerwogene Handlung eines Menschen, der in Fragmenten funktioniert und denkt; man wird nur durch Fragmente gebunden. Sie können sich nicht vorsätzlich an das binden, was Sie als das Ganze betrachten, weil diese Erwägung Teil eines Denkprozesses ist, und Denken ist immer trennend. Es funktioniert immer in Fragmenten.

«Ja, man kann nicht gebunden werden, ohne das zu benennen, dem man verbunden ist, und Benennen ist Begrenzen.»

Ist diese Behauptung von Ihnen nur eine Reihe von Worten oder eine Wirklichkeit, die Sie jetzt klar erkannt haben? Wenn es nur eine Reihe von Worten ist, dann ist es ein Glaube und hat daher überhaupt keinen Wert. Wenn es eine aktuelle Wahrheit ist, die Sie jetzt entdeckt haben, dann sind Sie frei und im Zustand der Negation. Die Negation des Falschen ist keine Behauptung. Jede Propaganda ist unwahr, und der Mensch hat von der Propaganda gelebt, die sich von der Seife bis zu Gott erstreckt.

«Sie zwingen mich durch Ihre Auffassung in eine Ecke, und ist das nicht auch eine Form der Propaganda – zu propagieren, was *Sie* sehen?»

Sicherlich nicht; Sie zwingen sich selbst in eine Ecke, wo Sie die Dinge sehen müssen, wie sie sind, ohne überredet, ohne beeinflußt zu sein. Sie beginnen selbst zu erkennen, was tatsächlich vor Ihnen ist, daher sind Sie unabhängig von einem anderen, unabhängig von jeder Autorität – der des Wortes, der Person, der Idee. Um zu *sehen*, ist kein Glaube notwendig. Im Gegenteil, um zu sehen, darf kein Glauben vorhanden sein. Sie können nur sehen, wenn ein negativer Zustand besteht, nicht, wenn Sie den Glauben bejahen. Zu sehen ist ein negativer Zustand, in dem allein das, «was ist», evident ist. Der Glaube ist eine Formel der Trägheit, die Heuchelei erzeugt, und gegen diese Heuchelei kämpft und revoltiert die jüngere Generation. Aber die jüngere Generation wird im späteren Leben gleichfalls in diese Heuchelei eingefangen. Der Glaube ist eine Gefahr, die absolut vermieden werden muß, wenn man die Wahrheit dessen, was ist, sehen will. Die Politiker, die Priester, die Respektspersonen werden immer nach einer Formel funktionieren und andere zwingen, nach dieser Formel zu leben, und die Gedankenlosen, die Törichten werden immer durch ihre Worte, Versprechungen und Hoffnungen geblendet. Die Autorität der Formel wird weit wichtiger als die Liebe zu dem, was ist. Darum ist die Autorität von Übel, sei es die Autorität des Glaubens oder der Tradition oder der Gewohnheit, die Moral genannt wird.

«Kann ich von dieser Furcht frei sein?»

Sie stellen bestimmt eine falsche Frage, nicht wahr? Sie *sind* die Furcht; Sie und die Furcht sind nicht zwei getrennte Dinge. Die Trennung ist Furcht, die zu der Formulierung führt, daß «ich die Furcht bezwingen, unterdrücken, ihr entkommen werde». Das ist die Tradition, die die falsche Hoffnung erweckt, die Furcht überwinden zu können. Wenn Sie erkennen, daß Sie die Furcht *sind*, daß Sie und die Furcht nicht zwei getrennte Dinge sind, verschwindet die Furcht. Dann sind Formeln und Glaubenssätze überhaupt nicht nötig, dann leben Sie nur mit dem, was ist, und sehen dessen Gültigkeit.

«Aber Sie haben die Frage über Gott nicht beantwortet, nicht wahr?»

Gehen Sie zu irgendeiner Stätte der Anbetung – ist Gott dort? In dem Stein, in dem Wort, in dem Ritual, in dem stimulierten Gefühl, etwas zu sehen, was schön getan wird? Die Religionen haben Gott getrennt in den Ihren und den meinen, in die Götter des Ostens und die Götter des Westens, und jeder Gott hat den anderen Gott getötet. Wo ist Gott zu finden? Unter einem Blatt, in den Himmeln, in Ihrem Herzen, oder ist Gott nur ein Wort, ein Symbol, das für etwas steht, das nicht in Worte gefaßt werden kann? Offensichtlich müssen Sie das Symbol, die Stätte der Anbetung, das Netz der Worte, das der Mensch um ihn gewoben hat, beiseite tun. Nur wenn Sie das getan haben, nicht vorher, können Sie zu forschen beginnen, ob es eine Realität gibt, die unermeßlich ist, oder nicht.

«Aber wenn Sie das alles verworfen haben, sind Sie vollkommen verloren, leer, allein – und wie können Sie in diesem Zustand forschen?»

Sie bemitleiden sich selbst, und dieser Zustand der Selbstbemitleidung ist etwas Verabscheuenswürdiges. Sie sind in diesem Zustand, weil Sie nicht wirklich gesehen haben, daß das Falsche das Falsche *ist.* Wenn Sie es erkennen, gibt es Ihnen gewaltige Energie und die Freiheit, die Wahrheit als die Wahrheit zu sehen, nicht als eine Illusion oder ein Phantasiegebilde des Geistes. Diese Freiheit ist notwendig, um von dort aus zu sehen, ob es etwas gibt, das nicht in Worte gekleidet werden kann, oder ob es das nicht gibt. Aber es ist keine Erfahrung, keine persönliche Leistung. Alle Erfahrungen in diesem Sinne bringen ein trennendes, widerspruchsvolles Dasein hervor. Diese trennende Existenz als der Denker, der Beobachter, verlangt nach weiteren und ausgedehnteren Erfahrungen, und was er verlangt, wird er bekommen – aber es ist nicht das Wahre.

Wahrheit ist nicht Ihre oder meine. Was Ihnen gehört, kann organisiert, verwahrt, ausgebeutet werden. Das geschieht in der Welt. Aber die Wahrheit kann nicht organisiert werden. Gleich der Schönheit und der Liebe liegt die Wahrheit nicht im Bereich der Besitztümer.

39

Unehrlichkeit

Wenn du durch die kleine Stadt wanderst mit ihrer einzigen Straße und ihren vielen Läden – dem Bäckerladen, dem Fotogeschäft, dem Buchladen und dem offenen Restaurant –, unter der Brücke durch, vorbei an dem Schneider, über eine andere Brücke, vorbei an der Sägemühle, dann den Wald betrittst und weiterhin neben dem Fluß entlanggehst und auf das alles mit völlig wachen Augen und Sinnen schaust, aber ohne einen einzigen Gedanken im Kopf – dann weißt du, was es bedeutet, nicht abgesondert zu sein. Du folgst dem Fluß eine oder zwei Meilen weit – wiederum ohne daß ein einziger Gedanke aufflattert –, schaust auf das dahinjagende Wasser, lauschst seinem Rauschen, siehst die Färbung des graugrünen Bergstroms, schaust auf die Bäume und durch die Zweige hindurch auf den blauen Himmel und auf die grünen Blätter – wiederum ohne einen einzigen Gedanken, ohne ein einziges Wort –, dann wirst du wissen, was es bedeutet, keinen Raum zwischen sich und dem Grashalm zu haben.

Wenn du weiter gehst durch die Wiesen mit ihren tausend Blumen in jeder nur vorstellbaren Farbe, vom leuchtenden Rot bis zum Gelb und Purpur und ihrem glänzenden grünen Gras, das durch den Regen der letzten Nacht rein gewaschen wurde – wiederum ohne eine einzige Regung des Denkmechanismus –, dann wirst du wissen, was Liebe ist. Auf den blauen Himmel zu schauen, auf die hohen Quellwolken, die grünen Berge mit ihrer klaren Silhouette gegen den Himmel, auf das kräftige Gras und die welkende Blume – zu schauen ohne ein gestriges Wort, dann, wenn der Geist vollkommen ruhig, schweigend ist, ungestört durch irgendeinen Gedanken, wenn der Beobachter vollkommen abwesend ist – dann ist Einheit da. Nicht, daß du mit der Blume vereint bist oder mit der Wolke oder mit den sich hinziehenden Bergen; vielmehr besteht ein Gefühl vollkommenen Nichtseins, in dem die Trennung zwischen dem Ich und dem Du aufhört. Die Frau, die die Lebensmittel trägt, die sie auf dem Markt gekauft hat, der große schwarze Schäferhund, die zwei Kinder, die mit dem Ball spielen – wenn du auf das alles ohne ein Wort, ohne Wertung, ohne eine Gedankenverbindung schauen kannst, dann hört der Streit zwischen dir und anderen auf. Dieser Zustand, ohne das Wort, ohne den Gedanken, ist die Weite des Geistes, die keine Schranken, keine Grenzen hat, in denen das Ich und das Nicht-Ich existieren können. Glaube nicht, daß das Einbildung ist oder schwungvolle Phantasie oder eine erwünschte mystische Erfahrung; das ist es nicht. Es ist eben so wirklich, wie die Biene auf jener Blume oder das kleine Mädchen auf ihrem Fahrrad oder der Mann, der die Leiter hinaufsteigt, um das Haus zu streichen – der ganze Konflikt des Menschen in seinem Zustand der Spaltung hat ein Ende genommen. Du schaust ohne den Blick des Beobachters, du schaust ohne das festlegende Wort und ohne den Maßstab des gestrigen Tages. Der Blick der Liebe ist anders als der Blick des Verstandes. Der eine führt in eine Richtung, wohin der Verstand nicht folgen kann, und der andere führt zur Trennung, zu Konflikt und Leid. Von diesem Leid kann man nicht zu dem anderen gelangen. Der Abstand zwischen den beiden wird durch das Denken geschaffen, und das Denken kann mit keinem noch so langen Schritt das andere erreichen.

Da du zurückwanderst, vorbei an den kleinen Bauernhäusern, den Wiesen und der Eisenbahnlinie, wirst du erkennen, daß das Gestern ein Ende genommen hat: Das Leben beginnt, wo das Denken endet.

«Wie kommt es, daß ich nicht aufrichtig sein kann?» fragte sie. «Ich bin von Natur aus unaufrichtig. Nicht, daß ich es sein möchte, aber es rutscht aus mir heraus. Ich sage Dinge, die ich nicht wirklich meine. Ich meine damit nicht die höfliche, nichtssagende Konversation – da weiß man, daß man eben nur um des Sprechens willen spricht. Aber selbst wenn ich ernsthaft bin, ertappe ich mich dabei, Dinge zu sagen, Dinge zu tun, die absurd unaufrichtig sind. Ich habe es auch bei meinem Mann bemerkt. Er sagt das eine und tut etwas gänzlich anderes. Er verspricht etwas, aber man weiß genau, daß er es, während er es sagt, durchaus nicht so meint; und wenn man ihn darauf hinweist, ist er irritiert und wird manchmal sehr ärgerlich. Wir wissen beide, daß wir in vielen Dingen unaufrichtig sind. Neulich gab er jemandem, den er ziemlich respektierte, ein Versprechen, und dieser Mann ging hinweg und glaubte meinem Mann. Aber mein Mann hielt sein Wort nicht, und er fand Ausflüchte, um zu beweisen, daß er recht hatte und der andere unrecht. Sie kennen das Spiel, das wir mit uns und mit anderen treiben – es gehört zu unserer sozialen Struktur und Erziehung. Manchmal erreicht es den Punkt, wo es sehr häßlich und tief beunruhigend wird – und ich habe diesen Zustand erreicht. Ich bin in hohem Maße beunruhigt, nicht nur über meinen Mann, sondern auch über mich und alle jene Leute, die das eine sagen und etwas anderes tun und wiederum etwas anderes denken. Der Politiker macht Versprechungen, und man weiß genau, was seine Versprechungen bedeuten. Er verspricht den Himmel auf Erden, und man weiß sehr wohl, daß er die Hölle auf Erden schaffen wird – und er wird die Schuld dafür Faktoren zuschieben, die jenseits seiner Kontrolle liegen. Woran liegt es, daß man im Grunde so unredlich ist?»

Was bedeutet Aufrichtigkeit? Kann es Aufrichtigkeit geben – das heißt, klare Einsicht, die Dinge zu sehen, wie sie sind –, wenn ein Prinzip, ein Ideal, eine veredelte Formel besteht? Kann man offen und ehrlich sein, wenn man verwirrt ist? Kann Schönheit sein, wenn ein Maßstab dafür besteht, was schön oder rechtschaffen ist? Wenn diese Trennung zwischen dem, was ist, und dem, was sein sollte, vorhanden ist, kann es dann Aufrichtigkeit geben – oder nur eine erbauliche und konventionelle Unaufrichtigkeit? Wir sind zwischen diesen beiden erzogen worden – zwischen dem, was tatsächlich ist, und dem, was sein könnte. In dem Intervall zwischen diesen beiden – dem Zeit-und-Raum-Intervall – liegt unsere ganze Erziehung, unsere Moral, unser Streben. Wir werfen einen verwirrten Blick auf das eine und auf das andere, einen Blick der Furcht und einen Blick der Hoffnung. Und kann es Ehrlichkeit, Aufrichtigkeit in diesem Zustand, den die Gesellschaft Erziehung nennt, geben? Wenn wir sagen, daß wir unaufrichtig sind, meinen wir im Grunde, daß das, was wir gesagt haben, neben dem steht, was ist. Man hat etwas gesagt, das man nicht meint, vielleicht um oberflächliche Sicherheit zu geben, oder weil man nervös oder scheu ist oder sich schämt, etwas zu sagen, was tatsächlich ist. So machen uns nervöse Besorgnis und Furcht unaufrichtig. Wenn wir nach Erfolg trachten, müssen wir irgendwie unredlich sein, uns bei anderen einschmeicheln, müssen verschlagen, betrügerisch sein, um unser Ziel zu erreichen. Oder man hat Autorität oder eine Stellung gewonnen, die man verteidigen möchte. So ist jeder Widerstand, jede Verteidigung eine Form der Unredlichkeit. Redlich zu sein bedeutet, keine Illusion über sich zu haben, nicht einmal einen Keim davon – Illusion ist Wunsch und Genuß.

«Sie wollen damit sagen, daß der Wunsch Illusion hervorbringt. Ich wünsche ein nettes Haus zu haben – darin liegt keine Illusion. Ich möchte, daß mein Mann eine bessere Stellung hat – ich kann auch darin keine Illusion sehen!»

Im Wunsch liegt immer das Bessere, das Größere, das Mehr. Im Wunsch ist der Maßstab, der Vergleich enthalten – und die Wurzel der Illusion ist der Vergleich. Das Gute ist nicht das Bessere, und unser ganzes Leben verbringen wir damit, nach dem Besseren zu trachten – sei es das schönere Badezimmer oder die bessere Stellung oder der bessere Gott. Unzufriedenheit mit dem, was ist, verursacht die Veränderung dessen, was ist – und das ist nur die verbesserte Fortdauer dessen, was ist. Verbesserung ist keine Verwandlung, und eben diese ständige Verbesserung – sowohl in uns wie auch in der sozialen Moral – erzeugt die Unaufrichtigkeit.

«Ich weiß nicht, ob ich Ihnen folge, und ich weiß nicht, ob ich Ihnen folgen möchte», sagte sie mit einem Lächeln. «Ich verstehe dem Worte nach, was Sie sagen, aber wohin führen Sie? Ich finde es ziemlich erschrekkend. Wenn ich das, was Sie sagen, tatsächlich lebte, würde mein Mann wahrscheinlich seine Stellung verlieren, denn in der Geschäftswelt gibt es sehr viel Unredlichkeit. Auch unsere Kinder werden dazu erzogen, zu wetteifern, zu kämpfen, um zu überleben. Und wenn ich aus dem, was Sie sagen, begreife, daß wir die Kinder dazu erziehen, unredlich zu sein – natürlich nicht augenfällig, sondern in feiner und verschlagener Form –, dann erschreckt mich das ihretwegen. Wie können sie der Welt gegenübertreten, die so unredlich und brutal ist, wenn sie nicht selbst etwas von dieser Unredlichkeit und Brutalität haben? Oh, ich weiß, ich sage schreckliche Dinge, aber so ist es! Ich beginne zu erkennen, wie höchst unehrlich ich bin!»

Ohne ein Prinzip, ohne ein Ideal zu leben, bedeutet dem ins Auge zu sehen, was in jeder Minute geschieht. Dem, was im Augenblick ist, gegenüberzutreten – das heißt vollkommen damit in Kontakt zu sein, nicht durch das Wort oder durch frühere Gedankenverbindungen und Erinnerungen, sondern direkt in Berührung damit zu sein – heißt ehrlich zu sein. Zu wissen, daß Sie gelogen haben und keine Ausflüchte zu gebrauchen, sondern die Lüge als gegebene Tatsache zu sehen, *ist* Ehrlichkeit; und in dieser Ehrlichkeit liegt große Schönheit. Die Schönheit verletzt niemanden. Zu sagen, daß man ein Lügner ist, ist eine Anerkennung der Tatsache; es bedeutet, einen Fehler als einen Fehler einzugestehen. Aber Gründe, Entschuldigungen und Rechtfertigungen dafür zu finden, das ist Unredlichkeit, und darin liegt Selbstbemitleidung. Selbstbemitleidung ist der dunkle Schatten der Unaufrichtigkeit. Es bedeutet nicht, daß man gegen sich selbst unbarmherzig werden muß, sondern vielmehr, daß man achtsam ist. Achtsam zu sein bedeutet sorgsam zu sein, hinzuschauen.

«Als ich herkam, erwartete ich das alles gewiß nicht. Ich fühlte mich über meine Unaufrichtigkeit ziemlich beschämt und wußte nicht, was ich dagegen tun sollte. Die Unfähigkeit, etwas dagegen zu tun, erzeugte Schuldgefühle in mir, und die Schuld zu bekämpfen oder sich ihr zu widersetzen schafft neue Probleme. Nun muß ich sorgfältig über alles nachdenken, was Sie gesagt haben.»

Wenn ich einen Vorschlag machen darf: Denken Sie nicht darüber nach. Sehen Sie es jetzt, wie es ist. Aus diesem Sehen wird etwas Neues geschehen. Aber wenn Sie darüber nachdenken, sitzen Sie wieder in derselben alten Falle.

40

Die goldene Droge

Den Instinkten zu folgen und ihnen zu gehorchen ist für das Tier natürlich und notwendig für sein Überleben, aber im Menschen werden sie zu einer Gefahr. Zu folgen und zu gehorchen wird im Menschen zur Nachahmung, zur Gleichschaltung an ein Modell der Gesellschaft, die er selbst geschaffen hat. Ohne Freiheit kann Intelligenz nicht funktionieren. Die Natur des Gehorsams und der Anerkennung in dem Augenblick zu verstehen, da sie in Erscheinung treten, erzeugt Freiheit. Freiheit ist nicht der Trieb, zu tun, was man wünscht. In einer großen, komplizierten Gesellschaft ist das nicht möglich; daher der Konflikt zwischen dem einzelnen Menschen und der Gesellschaft, zwischen den vielen und dem einen.

Es war seit Tagen sehr heiß; die Hitze war zum Ersticken, und in dieser Höhe drangen die Sonnenstrahlen in jede Pore des Körpers ein und machten ziemlich benommen. Der Schnee schmolz schnell, und der Fluß wurde zunehmend brauner. Der große Wasserfall stürzte kaskadenartig in Sturzbächen herab. Er kam von einem großen Gletscher, der länger als ein Kilometer war. Dieser Fluß würde nie versiegen.

An diesem Abend schlug das Wetter um. Die Wolken türmten sich gegen die Berge auf, und es donnerte krachend, es blitzte und begann zu regnen; man konnte den Regen riechen.

Es waren drei oder vier von ihnen in dem kleinen Raum, von dem aus man den Fluß überblicken konnte. Sie waren aus verschiedenen Teilen der Welt gekommen, und sie schienen eine allgemeine Frage zu haben. Die Frage war nicht so wichtig wie ihr eigener Zustand. Der Zustand ihres Geistes drückte weit mehr aus als die Frage. Die Frage war wie eine Tür, die in ein Haus mit vielen Räumen führte. Es war keine sehr gesunde Gruppe, und sie waren auf ihre Art unglücklich. Sie waren kultiviert – was auch immer das bedeuten mag; sie beherrschten mehrere Sprachen und sahen ungepflegt aus.

«Warum sollte man nicht Drogen nehmen? Sie sind augenscheinlich dagegen. Ihre eigenen berühmten Freunde haben sie genommen, haben Bücher darüber geschrieben, andere ermutigt, sie zu nehmen, und sie haben dadurch mit großer Intensität die Schönheit einer einfachen

Blume erlebt. Wir haben sie auch genommen, und wir würden gerne wissen, warum Sie diesen chemischen Erlebnissen anscheinend ablehnend gegenüberstehen?

Schließlich ist unser ganzer physischer Organismus ein biochemischer Prozeß, und ihm ein besonderes chemisches Präparat zuzusetzen, mag uns ein Erlebnis vermitteln, das uns dem Wahren näher kommen läßt. Sie selbst haben keine Drogen genommen, nicht wahr? Wie können Sie sie dann, ohne damit experimentiert zu haben, verdammen?»

Nein, wir haben keine Drogen genommen. Muß man sich betrinken, um zu wissen, was Nüchternheit ist? Muß man sich krank machen, um herauszufinden, was Gesundheit ist? Da das Einnehmen von Drogen mehrere Dinge beinhaltet, wollen wir das ganze Problem mit Sorgfalt erforschen. Warum ist es überhaupt notwendig, Drogen zu nehmen – Drogen, die eine psychedelische Erweiterung des Geistes, großartige Visionen und Intensität versprechen? Anscheinend nimmt man sie, weil die eigenen Wahrnehmungen abgestumpft sind. Die Klarheit ist getrübt, und unser Leben ist ziemlich oberflächlich, mittelmäßig und bedeutungslos; man nimmt sie, um über diese Mittelmäßigkeit hinauszugelangen.

Die Intellektuellen haben aus den Drogen eine neue Lebenshaltung gemacht. In der ganzen Welt sieht man die Zwietracht, die neurotischen Zwänge, die Konflikte, das schmerzliche Elend des Lebens. Man weiß von der Aggressivität des Menschen, von seiner Brutalität, seiner äußersten Selbstsucht, die keine Religion, kein Gesetz, keine soziale Moral zu zähmen fähig waren.

Im Menschen steckt so viel Anarchie – und so große wissenschaftliche Fähigkeit. Diese Unausgeglichenheit erzeugt Zerrüttung in der Welt. Der unüberbrückbare Abgrund zwischen fortgeschrittener Technologie und der Grausamkeit des Menschen verursacht großes Chaos und Elend. Das ist offensichtlich. Der Intellektuelle, der mit den verschiedenen Theorien gespielt hat – Vedanta, Zen, kommunistische Ideale und so fort –, hat keinen Weg gefunden, der den Menschen aus seinem üblen Zustand hinausführt, und wendet sich nun der goldenen Droge zu, die dynamische Gesundheit und Harmonie zustandebringen soll. Die Entdeckung dieser goldenen Droge – die vollkommene Antwort auf alles – wird vom Wissenschaftler erhofft, und wahrscheinlich wird er sie auch produzieren. Und die Autoren und die Intellektuellen werden sie befürworten, um damit alle Kriege zu beenden, so wie sie gestern für den Kommunismus oder Faschismus eingetreten sind.

Aber der Mensch mit seinen außerordentlichen Fähigkeiten für wissenschaftliche Entdeckungen und deren Durchführung ist weiterhin nichtssagend, beschränkt, engstirnig, und wird sicherlich weiter kleinlich bleiben, nicht wahr? Sie mögen ein gewaltiges und explosives Erlebnis durch eine dieser Drogen haben, aber wird die tief verwurzelte Aggression, Bestialität und das Leid des Menschen aufhören? Wenn diese Drogen die verworrenen und komplizierten Probleme der Gemeinschaft lösen können, dann ist nichts mehr zu sagen, denn dann sind die Beziehungen, das Verlangen nach Wahrheit, das Beenden des Leides sehr oberflächliche Angelegenheiten, die dadurch zu lösen sind, daß man ein Quentchen von dieser neuen goldenen Droge nimmt.

Sicherlich ist das eine falsche Einstellung. Es wird gesagt, daß diese Drogen eine Erfahrung vermitteln, die der Realität nahe kommt. Daher schenken sie Hoffnung und Ermutigung. Aber der Schatten ist nicht das Wirkliche; das Symbol ist niemals die Tatsache. Wie man in der ganzen Welt beobachtet, wird das Symbol angebetet und nicht die Wahrheit. Ist es darum nicht eine unwahre Behauptung zu sagen, daß das Resultat dieser Drogen der Wahrheit nahe kommt?

Keine dynamische goldene Pille wird jemals unsere menschlichen Probleme lösen. Sie können nur dadurch gelöst werden, daß eine radikale Revolution im Geist und im Herzen des Menschen hervorgebracht wird. Das erfordert harte, ständige Arbeit, ein Sehen und Lauschen, wodurch man höchst sensitiv wird.

Die höchste Form der Sensitivität ist höchste Intelligenz – und keine Droge, die jemals vom Menschen erfunden wird, wird diese Intelligenz schenken. Ohne diese

Intelligenz gibt es keine Liebe; und Liebe ist Beziehung. Ohne diese Liebe gibt es kein dynamisches Gleichgewicht im Menschen. Diese Liebe kann nicht durch die Priester oder ihre Götter, durch die Philosophen oder durch die goldene Droge geschenkt werden.

Weitere Werke von Krishnamurti
in deutscher Sprache

Ideal und Wirklichkeit

Gedanken zum Leben
Band 1

Aus den Tagebüchern von J. Krishnamurti,
herausgegeben von D. Rajagopal
88 Kapitel, 355 Seiten

Konflikt und Klarheit

Gedanken zum Leben
Band 2

Aus den Tagebüchern von J. Krishnamurti,
herausgegeben von D. Rajagopal
57 Kapitel, 303 Seiten

Der Konflikt zwischen Ideal und Wirklichkeit hindert uns am Verständnis der Realität, an der Lebensbewältigung, am wahren Glück in Freiheit.

Krishnamurti philosophiert nicht im Abstrakten. Er führt anhand alltäglicher Beispiele und Begegnungen zu einer neuen Geisteshaltung, zu einer neuen Art der Anschauung des Ich und der Umwelt.

Autorität und Erziehung

Ist es Aufgabe des Erziehers, dem Schüler
ein Beispiel zu sein?
Liegt das Wesen der Erziehung im Beispielgeben?

Zum Leiten und Erziehen gehört Wissen ...
Haben Sie es?
Und *was* wissen Sie?

Auf 130 Seiten, in 8 Kapiteln, stellt Krishnamurti
Frage um Frage zum Erziehungsproblem
und gibt Antworten, die keine Ausflucht lassen.

*

Schöpferische Freiheit

Ist schöpferisches Leben
in Freiheit nur für einige Auserwählte da?
Oder ist es allen erreichbar?
Und wie kann man es verwirklichen?

16 Kapitel und 25 Fragen und Antworten
211 Seiten
Mit einer Einleitung von Aldous Huxley

Krishnamurti

ist nicht Verkünder einer neuen Religion,
neuer Lehr- und Denkmethoden.
Er will nicht sogenannt falsche durch sogenannt
richtige Ideen ersetzen.

Krishnamurti bringt den Leser vielmehr zu einer
Wandlung des Denk*vorgangs*.

Eine neue Art des Denkens,
des Anschauens, führt zur Ablösung
von Gebundenheiten, die uns das Erleben
der vollen Wirklichkeit verbauen.